无形经济的崛起

[英] 乔纳森·哈斯克尔（Jonathan Haskel）
[英] 斯蒂安·韦斯特莱克（Stian Westlake）_ 著
谢 欣 _ 译

CAPITALISM
WITHOUT CAPITAL
THE RISE OF
THE INTANGIBLE ECONOMY

中信出版集团 | 北京

图书在版编目（CIP）数据

无形经济的崛起 /（英）乔纳森·哈斯克尔,（英）
斯蒂安·韦斯特莱克著；谢欣译. -- 北京：中信出版
社, 2020.4（2021.6重印）

书名原文：Capitalism without Capital

ISBN 978-7-5217-1192-9

Ⅰ.①无… Ⅱ.①乔…②斯…③谢… Ⅲ.①新经济
—研究 Ⅳ.①F06

中国版本图书馆CIP数据核字（2019）第232842号

无形经济的崛起

著　者：[英]乔纳森·哈斯克尔　[英]斯蒂安·韦斯特莱克
译　者：谢欣
出版发行：中信出版集团股份有限公司
　　　　　（北京市朝阳区惠新东街甲4号富盛大厦2座　邮编　100029）
承 印 者：河北鹏润印刷有限公司

开　本：787mm×1092mm　1/16　　印　张：16.25　　字　数：300千字
版　次：2020年4月第1版　　　　　印　次：2021年6月第4次印刷
京权图字：01-2019-7180
书　号：ISBN 978-7-5217-1192-9
定　价：59.00元

目录

推荐序
更多人应该关注这个全球经济趋势

　　我在哈佛的时候，从大一下学期开始就去旁听那些我没有报名的课程，反而不怎么去上那些我报过的课——除了一门名为"Ec 10"的经济学入门课程。我被这个主题迷住了，那位教授非常优秀。他最开始教我们的内容之一就是下面这个供求关系图。在我上大学的那个年代（比我愿意承认的时间要早很多），这基本上就是全球经济的运行方式：

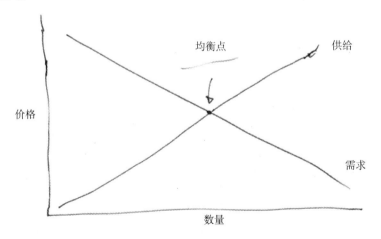

根据这张图，你可以做出两点假设。第一点到今天或多或少仍然适用：随着产品需求的增加，供给也会增加，然后价格就会下降。如果价格涨得过高，需求就会下降。两条线的完美交点被称为均衡点。均衡点很神奇，因为在这点上，社会价值实现了最大化：商品价格实惠，数量充足且有利可图。每个人都能有所收益。

第二个可从中得出的假设是，随着供给增加，总生产成本就会提高。想象一下，福特发布了一款新车型。第一辆车的成本要高一些，因为你要花钱去设计和测试。但是之后制造的每辆车都只需要一定的原材料和劳动力。你制造的第 10 辆车的成本与第 1 000 辆车相同。对于主导几乎整个 20 世纪世界经济的其他事物，包括农产品和实物财产，情况皆是如此。

但软件就不同了。微软可能会耗费巨资来研发新程序的第一个单元，但之后的每个单元几乎都可以零成本生产。与过去为我们的经济提供动力的商品不同，软件是一种无形资产。软件还不是唯一的例子：数据、保险、电子书，甚至电影也差不多。

世界经济中不符合旧的运行模式的部分正不断扩大。这对几乎所有事物都带来了巨大的影响：税法、经济政策、城市发展等，但总的来说，管理经济的规则没有跟上。这是全球经济中最重要的趋势之一，却没有得到足够的关注。

如果你想明白为什么这一切如此重要，就我所知，乔纳森·哈斯克尔（Jonathan Haskel）和斯蒂安·韦斯特莱克（Stian Westlake）合著的佳作《无形经济的崛起》能够很好地解释这个问题。他们首先将无形资产定义为"你摸不到的东西"。这听上去理所当然，但它指出了无形产品制造业和有形产品制造业运行方式的不同。那些你摸不着的产品具有一系列很不一样的模式，不论是从竞争及风险角度看，还是从为生产这些产品的公司估值方面来看。

为什么无形产品的投资运作如此不同？乔纳森和斯蒂安给出了四点

原因：

1. **这种投资会产生沉没成本。**如果你的投资没能成功，那么你无法通过售卖像机械设备那样的实物资产来回收部分成本。

2. **它往往会产生溢出效应，被竞争对手所利用。**优步（Uber）最大的优势在于它的驾驶员网络，但是也常常会见到优步司机同时在其他平台上接单。

3. **它比实物资产更具可扩展性。**在花钱做出了第一个产品单元后，接下来的产品就可以近乎无成本地无限复制。

4. **它更有可能与其他无形资产产生有价值的协同效应。**乔纳森和斯蒂安以 iPod 为例：它结合了苹果的 MP3 协议、小型硬盘设计、设计技巧和与唱片公司的许可协议。

从本质上讲，这些特征不能简单地定义为好或者不好。它们只是与工业制成品的运作方式不同。

乔纳森和斯蒂安以一种直截了当的方式解释了这一切——这本书几乎就像一本不多加评论的教科书。他们不会表现得好像趋势出现了邪恶的变化，或试图给出一些难以实现的政策方案。他们只是在花时间解释为什么这种转变很重要，在这个"Ec 10"课程教的供求关系图越来越不适用的世界里，他们给各个国家应该怎么做提出了一些更开阔的想法。

这本书令人大开眼界，但并不适合所有人。虽然乔纳森和斯蒂安擅于解释事物，但要理解他们所讲的内容，你需要熟悉一些经济学知识。但是，如果你上过经济学课程或定期阅读《经济学人》的金融版，那么理解他们的主张应该不成问题。

这本书使我更加清楚，立法者需要调整他们的经济政策来适应这些新情况。比如，许多国家用来衡量无形资产的标准有些落后了，因此它们所描绘的经济状况是不完整的。美国直到 1999 年才将软件纳入 GDP

计算。即使在今天，GDP 也不计入市场研究、品牌和培训等方面的投资——这可都是各个公司投入巨资的无形资产。

我们不光在衡量标准的问题上滞后了——我认为很多国家现在都应该就很多重要的问题进行讨论。商标和专利法是否过于严格或过于宽松？竞争政策是否需要更新？如果是的话，税收政策应该如何变化？在没有资本收益的资本主义世界中，什么才是刺激经济的最佳方式？我们需要真正聪明的思想家和经济学家深入研究所有这些问题。《无形经济的崛起》是我读过的第一本对此问题进行深入解读的书，我认为它应该是政策制定者的必读书。我希望将来看到更多这样的书。

投资界需要时间来接纳以无形资产为基础的公司。在微软成立早期，我感觉我是在向人们解释一些对他们来说完全陌生的东西。我们的商业计划需要投资者以前所未有的方式看待资产。他们无法想象我们在长期内能产生何种回报。

在今天看来，还要向谁解释为什么软件是一种合理投资简直是难以想象的，但自 20 世纪 80 年代以来，许多事情都发生了变化。我们思考经济运行的方式也是时候变一变了。

比尔·盖茨

引　言
旧式估值法：埃塞克斯的千年传统

科林·马修斯很是恼火。眼下，一群估价师正在他的机场里爬上爬下，四处查看——这是他最不希望看到的事情。但是，在拖延了三年之后，这一切已经无法阻止了。

此时是 2012 年的夏天。三年来，马修斯一直在极力阻止英国竞争监管机构拆分他所运营的英国机场集团（BAA）；彼时，英国多数大型机场均归他的公司所有。在用尽了一切可能的法律手段之后，束手无策的马修斯只好选择放弃。

眼下，各类身穿西装、手捧表单、外套反光背心的人，在马修斯的各处机场巡回走动，评估着这些机场的价值。在位于伦敦东北方向、吞吐量居全英第四的斯坦斯特德机场，会计师、律师、测量员和工程师正在进行着测算和盘点，从而一点一点地计算出这座机场的价值。

评估人员已评估了停机坪、航站楼、行李设备。对于停车场、汽车站和机场酒店的价值，他们意见一致，但对地下燃油泵的价值仍有异议，但其所用计算方法并无不同：资产成本减去折旧，再根据通货膨胀情况对所得结果进行调整。果不其然，2013 年，斯坦斯特德机场以 15 亿英镑的价格售出，这一数字同会计师们所估价值颇为接近。

某种意义上而言，斯坦斯特德机场的估值是 21 世纪所特有的图景。首先，机场本身就是全球化和现代化的最好象征；其次，这些会计师和律师也是现代化的代表，他们是金融资本主义下无处不在的服务者；最后，这一过程也蕴含着颇为现代化的经济逻辑：从最初私有化浪潮下英国机场集团进入民营领域，到后来竞争政策出台致其拆分，再到各路基础设施基金蜂拥而至、抢购资产。这一切都是极为现代化的图景。

但与此同时，斯坦斯特德机场的估值过程却依然沿用了几百年来都未改变的方法——通过盘点、评估实体资产确定物品价值；而这也是一项有着尊贵渊源的悠久传统。

时光回转到 920 多年前，此时的斯坦斯特德还只是一个偏远的村庄，在这里曾上演了相似的一幕：应英格兰君王"征服者"威廉之命，地区长官和信使前来评估此地的价值，以编制《土地赋役调查簿》（*Domesday Book*）。这些 11 世纪的资产评估师使用的工具当然不是笔记本电脑，而是计数筹。他们一边交谈，一边盘点财物。根据他们的记录，斯坦斯特德拥有一座磨坊、16 只奶牛、60 头猪和三名奴隶。经过一番盘点评估，他们计算得出了斯坦斯特德的价值——每年 11 英镑。[1]

尽管这一价值无法同 2013 年斯坦斯特德机场 15 亿英镑的售价相提并论，但是中世纪地区长官和信使评估财产所用的方法同如今在机场估值的会计师们所用的方法就本质而言颇为相似。

多少世纪以来，人们在评估物品（庄园、农场、企业、国家等）价值的时候通常只会评估**有形**物品，特别是价值可长期存续的物品。会计师编制资产负债表时会将此类物品计入固定资产，而经济学家和国民经济统计师分析经济增长时则将其归为投资。

随着时代的发展，这些资产和投资的类型发生了变化：土地和牛已经变得不再重要，家畜逐步被机器、工厂、车辆和计算机所取代。

在《土地赋役调查簿》的誊写官们眼里，资产主要是摸得着的财物，投资则是建造或购置有形物品；而 20 世纪的会计师和经济学家们现在依然秉持这些古老的观念。

投资为什么重要

对于各界人士而言，无论是银行家，还是经理人，了解投资的类型非常重要。经济学家也概莫能外：在诸多经济理论当中，投资均占据着中心地位。投资可构建资本，而资本和劳动又是推动经济发展的两种可计量的生产要素投入，二者堪称带动经济运转的肌肉与关节。据其定义，GDP（国内生产总值）是消费、投资、政府支出和净出口的总和，其中的投资往往是经济兴衰荣枯的驱动因素。这是因为，货币政策调整和企业信心变化会引起投资更为剧烈的起伏波动。作为 GDP 的一个组成部分，投资既是动物精神的咆哮之地，也是经济衰退的肇始之源。

正因如此，国民经济统计师才会年复一年、季复一季地持续测度企业的投资规模。20 世纪 50 年代以来，统计机构会周期性地发放调查问卷，通过企业获得这一信息。研究人员也开展了周期性的研究，从而了解资产的存续时间以及资产的质量随时间推移而提升的幅度（特别是计算机等高科技资产质量的提升）。

直到近年，统计机构的投资统计测度的范围仍然局限于有形资产。尽管有形资产投资代表了现代工业的所有荣耀（例如，2015 年英国企业新修建筑投资为 780 亿英镑，互联网技术工厂和机械投资为 600 亿英镑，车辆船舶投资达 170 亿英镑）[2]，然而投资等同于有形资产的基本理念却仍然停留在征服者威廉的时代。

投资中的"暗物质"

但是，无须赘言，经济体系的运转并非仅仅依靠有形资产投资。例如，斯坦斯特德机场的资产包括停机坪、航站楼和卡车，此外还包括看不见、摸不着的物品——精密软件、同航企和零售商签订的重要协议，以及内部专有技术，企业也同样为这些物品投入了时间和资金，并且它们对机场所有者而言具有可存续价值。但是这些物品并不是实体物品，而是创意、知识和商脉网络。经济学家将其称为**无形资产**。

"经济或许会变得依赖于无形物品"的理念早已有之。20 世纪六七十年代，未来学家阿尔文·托夫勒和丹尼尔·贝尔便已谈及"后工业"时代的远景。到了 20 世纪 90 年代，随着电脑和互联网影响力与日俱增，人们也逐渐意识到了非实体物品的经济重要性。社会学界开始讨论"网络社会"经济和"后福特主义"经济的概念，商业大师们鼓励企业经理人思考知识经济时代的发展之道，经济学界也开始研究如何将研发及其产出创意纳入经济增长模型。黛安娜·科伊尔的著作《无重的世界》（The Weightless World）一书用书名简明扼要地概括了这一经济形态。查尔斯·里德比特等人甚至断言，人类很快就会"凭空生活"。

2000 年互联网泡沫的破裂也粉碎了部分有关新经济的空言妄想，但这并未妨碍经济学界继续探究经济体系的变化。在此背景下，2002 年，多位经济学家参加了在美国华盛顿召开的"收入和财富研究大会"（Conference on Research in Income and Wealth），他们在会上探讨了究竟应如何测度"新经济"下各种类型的投资。在会议期间及随后的日子里，任职于美国联邦储备委员会的卡罗尔·克拉多和丹·希克尔以及马里兰大学的经济学家查尔斯·哈尔顿为新经济投资类型的研究构建了一套框架体系。

在此次会议召开之时，微软的市值冠居全球，以该企业为例进行分析有助于我们了解这些投资有哪些类型。2006 年，微软市值约为 2 500亿美元。从其资产负债表可以看出，企业资产估值为 700 亿美元，其中600 亿美元为现金和各类金融工具；[3] 而厂房和设备等传统资产的价值仅为 30 亿美元，只占微软资产的 4% 和市值的 1%。以当时常规的资产会计角度看，微软堪称现今时代的经济奇迹：其代表了一种没有资本的资本主义。

此次会议后不久，哈尔顿对微软的财报进行了梳理，并阐释了企业颇具价值的原因。哈尔顿指出，微软拥有一整套的无形资产，这些资产"通常涉及特定产品或特定流程的开发，其实质是通过打造、优化产品平台以提升企业在特定市场竞争力的组织能力投资"。其中包括微软投资研发和产品设计所产出的创意、微软的品牌、供应链与内部架构，以及培训形成的人力资本。尽管这些无形资产不像微软的办公楼或服务器那样具有实体特性，但它们同样具有投资的种种特征：先期需要微软投入时间和资金；一定时间后方可为企业创造价值。但在当时，此类无形资产在企业资产负债表中并无体现，自然更不可能纳入国民经济统计。克拉多、哈尔顿和希克尔的研究也推动了其他研究者运用调查问卷、现有数据和三角互证估算经济各领域的无形资产投资。

无形资产研究史上的一则逸闻趣事

无形资产的研究工作由此展开。2005 年，克拉多、哈尔顿和希克尔发布了美国企业无形资产投资的首批估测数据。2006 年，哈尔顿访问英国，并在英国财政部开办研讨会，介绍其研究工作。英国财政部随即委托团队（本书的一位作者也在其中）在英国开展此项研究。同时，日本也着手于此。在政策和政治领域，OECD（经济合作与发展组织）等较早涉足相关研究的各大机构也推广、传播了无形资产投资的理念。

无形资产投资还引起了经济评论界和新兴的经济博客圈的关注。如图 0.1 所示，甚至在枯燥的学术期刊上，"无形资产"也逐渐成了流行词。

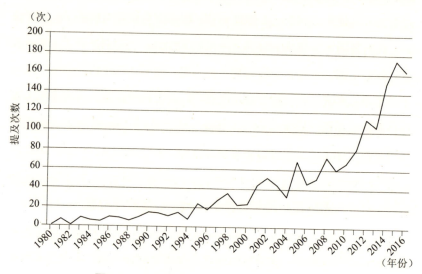

图 0.1 科研杂志中提及"无形资产"的次数

注：数据为 ScienceDirect 数据库收录的"经济学、计量经济学与金融学"领域学术杂志摘
要、标题或关键词提及"无形资产"的次数。
来源：作者据 ScienceDirect 数据库计算得出。

但随后不期而至的金融危机搅乱了全球经济议程。经济学家和决策者们对于了解所谓的新经济并不热衷，这倒也情有可原，毕竟他们此时正疲于防范全球经济体系倾然倒塌、化为废墟；在最危险的时刻过后，一连串冷冰冰的新问题又接连而至，成为经济领域论辩的主导话题：如何修复经历了灾难般失灵的金融体系；人们逐渐意识到了财富不平等和收入不平等的加剧；如何应对生产率增长的持续停滞。而在围绕"新经济"概念的讨论中，多数论调颇为悲观，甚至带有几分反乌托邦色彩：科技发展是否已出现无可逆转的放缓、粉碎了我们对经济的希冀？科技是否会成为一种祸患，制造的机器人是否会抢走人类的工作？是否会出现某种威胁人类生存的人工智能形态？

就在专栏和博客文章长篇累牍地激辩科技是否将带来严峻挑战的同时，围绕资本新形态的研究工作也悄然取得了进展。研究者们通过调查和分析，测算出了几个国家的无形资产投资数据：首先是美国，之后是英国和其他发达国家。各国财长和国际组织为此研究提供了长期的支持，同时各国统计机构也将部分类型的无形资产（特别是研发）纳入投资调查的范围。研究者们还构建了无形资产投资的历史数据序列，展示了各时期无形资产投资估算数据的变化。后文将会探讨，在几乎所有发达国家，无形资产投资的重要性都在与日俱增，而部分国家的无形资产投资规模实际上已经超过了有形资产投资。

无形资产投资为什么不同于有形资产投资

从经济角度来看，企业投资物品类型的变化并不是什么罕见或稀奇的事情。实际上，经济体系中资本存量的不断变化颇为寻常：铁路取代了运河，汽车取代了马匹和马车，计算机取代了打字机，同时，在微观层面，企业也在不断地进行着资产迭代和资产结构调整。**本书的中心观点是：无形资产投资与有形资产投资有着根本性的不同之处；随着经济体系越加依赖无形资产投资，了解这一稳定的发展态势，有助于我们理解当今世界所面临的若干重大问题：创新与增长、不平等、管理的作用，以及金融和政策改革。**

本书将探讨无形资产的两大不同之处。首先，无形资产为多数的传统资产评估惯例所忽视，尽管这一做法有其合理之处，但是随着无形资产的重要性日渐增长，这样做将会导致一部分资本为资本测度所遗漏。其次，无形资产的基本经济特性导致了无形资产密集型经济体系的运行模式同有形资产密集型经济体系颇为不同。

资产测度：没有资本的资本主义

我们将探讨，会计惯例并未将无形资产投资视为可创造长期存续资产的投资，此举也有其合理性：微软购置办公桌、买入办公楼均为显而易见的投资，如想知其价值，探访二手办公设备市场和写字楼租赁市场便可；但如果微软投资开发更优质的软件，或重新设计用户界面，则并无市场可提供此类投资价值的信息。因此，测度此类投资所创造"资产"的价值极为困难，个别情况除外（通常是评估已经顺利开发并出售的项目，因为其市场价值一目了然），谨慎的会计师们多会避而远之。

若经济体系中此类无形资产投资体量极小，那么采取这一保守策略也并无问题；但是，随着无形资产投资的规模开始超过有形资产投资，如果仍然遵循过去的做法，则会导致越来越多的经济活动为统计所遗漏。

无形资产的特性：经济体系为什么会出现巨变

如果说这一切只会造成测度不当的问题，那么企业投资向无形资产的转变也算不上一个严重问题。就好比新产卡车的统计漏掉了部分车辆，除了统计机构对此颇为在意之外，倒也不会引起别人的关注。

但是我们将指出，无形资产投资的兴起将会产生更为重大的影响：整体而言，相较于历来居于主导的有形资产，无形资产有其显著不同的经济特性。

首先，无形资产投资通常会产生**沉没**成本。企业在需要的时候会变卖之前购入的机器、工具和办公楼等有形资产。这一处理方式可适用于多数的有形资产，甚至一部分大型和非常规的有形资产也同样适用。如果你对大型澳洲矿用牵引车情有所钟，可以到拍卖网站"机械地带"购买一辆二手产品；"世界石油"网站上可购得半新的钻机设备；而"UVI找潜艇"网站则有二手潜水艇出售。相较于这些有形资产，无形资产的转卖更为困难，并且其通常只能为创造该项资产的企业发挥效用。丰田斥资数百万打造了精益生产体系，但无法将此同工厂分离，单独出售。尽管部分情况下，研发所产出的专利可售予他人，但是在多数情况下，研发只能满足投资企业的需求，而这导致了知识产权市场的范围颇为有限。

可形成投资外溢是无形资产投资的第二个特性。一家鞋带胶头生产商的有形资产体现为厂房，无形资产则体现为一款高质量的胶头设计。如果企业想确保自家工厂大部分收益为己所有，给厂房大门上锁即可。如有人想免费使用厂房，礼貌回绝即可；如果对方强行闯入，报警抓人即可；在多数发达国家，此类案件是非分明、并无争议。确保企业获得自家有形资产的效益极为容易，以致提出这个问题都显得有些幼稚可笑；但设计则与此全然不同：企业可以采取保密措施防止仿造，但竞争对手可以买到其胶头产品，再通过逆向工程还原设计；企业可以申请专利防范他人抄袭，但竞争对手也可以进行"规避设计"，通过对产品各项参数进行一定调整，使其不再受到专利保护。而即便企业的专利能够得到有效保护，但获取专利侵权的赔偿颇为复杂，其程度远高于报警抓走强闯厂房的不速之客，企业也可能因此陷入长达数月甚至数年的诉讼，最后还未必能赢得官司。莱特兄弟在完成世界首次飞行后，并未将其大部分时间投到研究制造更优质的飞行器，而是忙于起诉其认定侵权的竞争对手。很多无形资产投资都具有这样的特性：本是私有资产，却可惠及他人，经济学家称之为"外溢效应"。

无形资产还具有扩展效应。例如，可乐的生产过程涉及多个步骤，而地处美国佐治亚州亚特兰大市的可口可乐公司只需要负责其中若干事宜。无形资产是其最具价值的资产：品牌、授权协议以及保证可乐口感的原浆配方。此后的生产和销售事宜则多由其他灌装企业完成，这些企业均签有授权协议，有权在所处区域从事可乐生产。它们通常拥有灌装厂、销售团队和货运车队。亚特兰大可口可乐公司的无形资产规模可扩展至全球各地。无论可乐的日销售量是 10 亿瓶还是 20 亿瓶（实际数字为 17 亿瓶），可乐的配方和品牌运作模式均无变化。而灌装企业扩展有形资产的规模则相对较为缓慢。假如澳大利亚消费者对可乐的"渴求"量急剧攀升，那么可口可乐阿马蒂尔公司（澳大利亚本地灌装商）就需要增资添置配送车、扩大生产线，并兴建新厂房。

最后，无形资产投资趋向于形成**协同效应**（经济学家称之为"互补性"），即它们在组合配置之后（至少是在配置得当的情况下）可形成更高的价值。iPod 是苹果推出的一大创新产品，其问世得益于企业将 MP3 协议同微型化硬盘、唱片商授权协议，及苹果的产品设计加以结合。而协同效应的产生通常无从预知。微波炉便是防务承包商和白色家电制造商联姻的产物：前者偶然发现了雷达设备发出的微波可加热食品，而后者则长于家电设计。尽管有形资产也同样可产生协同效应（卡车和载货台、服务器和路由器之间的协同等），但相较于有形资产，无形资产协同的规模更大，也更难预知。

小结

无形资产的这些独特的经济特性显示，其兴起绝不仅仅意味着投资的特性发生微小变化。一般而言，无形资产投资的运行模式不同于有形资产投资，由此可以推断，无形资产所主导的经济体系也会有其独特的运行模式。

一旦考虑到了现代经济资本变化的特性，那么许多疑惑也可迎刃而解。本书余篇将探讨企业投资向无形资产的转变如何能够帮助我们认识经济领域备受关注的 4 个问题：长期停滞、不平等的长期加剧、金融体系对非金融经济的支持作用，以及经济发展所需的基础设施类型。在理解了这些问题之后，我们便可看清这些经济变化会为政府决策者、企业和投资者带来怎样的影响。本书将带领我们摆脱旧式估值模式的束缚，并踏入现代无形资产投资这片尚未标注的领域。

第一部分　无形经济的崛起

1 资本的无形化
莱美国际：从黄金健身馆到认证课程培训

投资是最为重要的经济活动之一。但是在过去的 30 年中，投资的特性发生了变化。本章将阐释这一变化的性质和致因。第 3 章将探讨如何测度这一投资变化。第 4 章将会分析这类新型投资的经济特性，并探讨它们重要的原因。

任何经济体系得以有效运转都需要投资在其中发挥关键作用。企业、政府和个人投入时间、资源和资金生产未来会产生效用的物品是最具代表性的经济行为。

过去几十年来，投资的类型发生着渐进而又显著的变化，本书的探索之旅也由此启程。

这一变化中的主角并非信息技术：新的投资形态既不是机器人，也不是计算机或硅芯片。下文将会阐明，这些只是其中的配角；真正的主角是业已兴起的**无形资产投资**：创意投资、知识投资、内容投资、软件投资、品牌投资，以及网络与商脉投资。

本章将阐述这一变化，并分析其成因。

探访健身馆

我们的探索旅程从一家健身馆开始，或者应该说是两家健身馆。我们将先后踏入 2017 年的健身馆和 1977 年的健身馆，并对比其不同之处。下文将对这一生动、典型的案例进行分析，借以阐明：即便是非高科技行业的公司也对投资的类型进行了微妙的调整。

我们之所以由此开启对无形经济的探索，是因为健身馆本身颇为值得玩味：从表面上看，健身馆并无太多无形资产。即便是对其避之犹恐不及者，至少也对其所配设施略知一二。在 2017 年的健身馆内，企业运营设备随处可见：前台摆放着计算机，出口安装有闸机，馆内配备有健身器材、淋浴设施、储物柜、健身垫和镜子（有健身馆老板戏言镜子是"健身馆使用率最高的设备"）。这些设备在企业的财务信息中也有体现：从企业经营的场馆到顾客健身使用的跑步机和杠铃，企业的财务报表上记录了各类看得见、摸得着的资产。

我们接着去探访 40 年前的健身馆。时间倒转至 1977 年，此时的美国健身馆遍地开花。阿诺德·施瓦辛格的成名之作《铁金刚》刚刚问世，该影片记录了他在洛杉矶威尼斯海滩的"黄金健身馆"锻炼的场景。黄金健身馆创办于 1965 年，在全美各地拥有多家连锁机构。其他健身馆也配备有诺德士健身器——这一固定器械为发明家阿瑟·琼斯 20 世纪 60 年代末首创。如果穿越到那个年代，你会惊讶地发现，彼时的健身馆和如今的健身馆有着很多的相似之处。自不待言，那时的器械种类较少、科学程度也无法同今天的健身馆同日而语：健身馆登记会籍用的还是索引卡片，而不是电脑；健身设备看上去也十分简陋。除此之外，旧时健身馆的有形资产和如今相比似乎也并无差别：同样都是几处场地、几间更衣室、几台健身器械。

　　回到 2017 年进一步观察此时的健身馆，还是会发现其中的若干不同之处。2017 年的健身馆有一些物品是过去健身馆所没有的：它的前台计算机安装了连接中央数据库的电脑软件，软件存有会籍记录、课程预订和员工排班等信息；健身馆拥有自己的品牌，并通过广告营销进行品牌推广，其营销水平和投入规模令 20 世纪 70 年代的健身馆相形见绌；2017 年的健身馆还编制了运营手册用来指导员工开展各项工作（从招揽新会员到对付难缠的顾客）。员工还须参加培训学习运营手册，并依照手册指导有序高效地工作，这似乎同电影《铁金刚》中轻松随意的氛围全然不同。2017 年健身馆的软件、品牌、流程和培训，同馆内的力量器械、出入闸机和健身场地还有一些相同的地方：它们同样需要短期的资金投入，之后可用于健身馆的运营，并为其创收。但是它们也存在一些不同的地方：软件、品牌、流程和培训都不是摸得着的实体物品，当然也不怕它们从高处跌下来砸了脚。尽管如今的健身企业的有形资产依然规模庞大（英国四大健身企业的拥有者均为青睐有形资产密集型企业的私募股权公司），但其无形资产规模已远远超过了40 年前的行业水平。

　　健身行业的全面变革还不限于此。2017 年的健身企业会定期为会员们安排健身操课；莱美杠铃操（Bodypump）颇受欢迎，门牌上"Bodypump®"的标识赫然在目。健身馆的运营商显然并不是这里唯一的企业——从经济角度看，另一家企业更值得关注。

　　莱美杠铃操是一种"高强度间歇训练"（HIIT）健身操，参与者们伴着音乐的节奏举放小型杠铃，并跳动着变换步伐和动作。但这一表述还不足以体现其训练强度，也不足以体现这项运动能够让人肾上腺素飙升、乐此不疲。品名后之所以带有注册标识，是因为其设计者和所有者是同在这里经营的另一家企业——来自新西兰的莱美国际（Les

Mills International）。

　　莱美国际的创办者莱斯·米尔斯是一位退役奥运举重选手。就在乔·戈尔德在洛杉矶创办了第一家店面的三年后，莱斯·米尔斯在奥克兰也开办了一家小型健身馆。他的儿子菲利普·米尔斯在一次洛杉矶之旅后，意识到将音乐和跳操相结合颇具市场潜力：他将这一健身形式介绍回新西兰，在常规动作中加入了举放杠铃的动作，并于1997年推出了莱美杠铃操。菲利普·米尔斯还创造性地为其配上新潮、动感的音乐，并制作成产品出售给其他健身馆。2005年，莱美国际旗下健身课程（杠铃操和搏击操等）周用户量高达400万；据其官网估算，这一数字如今已达600万。其操课设计团队每隔三个月就会设计、编排新的步法和动作，并将其录制成视频，然后连同背景音乐一同发送给所有认证教练。截至本书成稿之时，莱美国际认证教练总数已达到13万人。如想申请成为莱美认证教练，申请人需要缴付300英镑并参加一项为期三天的课程培训，培训结束后便可从事相关教学。申请人如想升级资质，则需向公司提交一部完整个人授课视频，莱美国际将评估其技术、动作和教学水平。

　　为莱美国际创收的物品显然与1977年黄金健身馆里的杠铃和健身垫并不相同。不可否认，莱美国际的部分资产仍为有形物品（录制设备、计算机、办公室等），但其多数资产并非如此。莱美国际拥有一系列极具价值的品牌（如果健身馆停授莱美健身操课程，势必会造成顾客流失）、受版权和商标权保护的知识产权、专业的健身操设计，以及专有供应商网络与合作商网络（音乐发行商和认证教练等）。通过健身课程创收并不是全新的创意——早在莱斯·米尔斯出生前十年，查尔斯·阿特拉斯便已开始销售健身课程；但莱美国际的非凡之处在于其经营规模远超于此，并且别出心裁地将品牌、音乐、操课设计和培训加以有机结合。

回顾这次健身馆之旅，我们不难发现：在过去几十年，即便是在健身行业这样颇为"有形"的行业（当然它也是一个颇为"有型"的行业），企业的运营也变得更加依赖于无形物品。但这一发展变化并不同于媒体铺天盖报道的互联网对行业的颠覆：不同于流媒体网站（Napster、iTunes 和 Spotify）备受热捧造成唱片商店无人问津，手机应用的普及发展并未导致健身馆门庭冷落，毕竟软件无法满足健身爱好者对举重器械的需求。但是健身行业还是出现了两类变化：一方面，表面上看，如今的健身馆似乎同 20 世纪 70 年代的健身馆颇为相似，但实际上在如今的场馆内，几十年前并不存在的系统、流程、商脉和软件遍布其间。这一变化与其说是创新，不如说是"上新"——如同神经分布一样，使身体器官变得可感、有序、可控。另一方面，健身行业也出现了几乎完全依靠无形资产运营的新型企业。

本章剩余的篇幅将会探讨经济各领域类似的投资变化和资产变化，并分析其背后的致因所在。不过在此之前，我们先来深入思考什么是投资。

什么是投资、资产和资本？

上文谈及健身企业购置或自行开发的用于经营、创收的物品即为资产和投资。对于经济学家而言，投资的概念颇为重要，因为投资积累了经济体系中的"资本存量"，即劳动者生产商品、提供服务所用的工具和设备。所生产的商品和提供的服务共同构成了经济产出。

但是，"投资"、"资产"和"资本"这几个概念颇易混淆。拿"投资"来说，财经记者通常将从事证券买卖的人士称为"投资者"，他们还会紧张兮兮地判断"投资者情绪"。同时，财经记者通常会将沃伦·巴菲特等从事长期投资的金融家称为"投资者"，与之相对应的是热衷于短线投资的"投机者"。想读大学的人也常会听到这样的建议："教育是人生中最好的投资。"

而"资产"和"资本"这两个概念的用法也同样五花八门、令人迷惑。托马斯·皮凯蒂在其名作《21世纪资本论》（*Capital in the Twenty-First Century*）一书中，将"资本"定义为"个人所能拥有的……各种形态的财富"。马克思主义学者们则认为"资本"的内涵不仅限于其会计定义，它更代表着整个剥削体系。"资产"的定义也可谓各式各样。许多企业将厂房和设备视为营运资产，会计师眼中的营运资产则包括了企业的银行存款和应收账款——二者显然不是企业的生产设备，而是企业的经营成果。

考虑到"投资"、"资本"和"资产"具有多重含义，且后文也会频繁用到，因此不妨确立相应的可行定义。本书将采用各国统计机构的通行投资定义，这一标准化定义是经济思想的结晶，同时也和新闻报道中的经济数据（GDP等）有直接关联。

被国民经济核算界奉为圭臬的《联合国国民账户体系》（*System of National Accounts*）将"投资"定义为"生产者获取固定资产或投入资源（资金、人力、原材料）的过程"[1]。该定义包含了多重信息，因此有必要对其进行展开分析。

首先来看"资产"的定义。**资产**是一种预期可在特定期限内创造收益的经济资源。[2]例如，银行购置服务器、买入办公楼说明其预期能够获得一定的效益——其存续期通常为一年以上。如果银行按季度缴纳电费，则效益的存续期为三个月。因此，服务器和办公楼是资产，而电力和电费单不是资产。

再来分析"固定"一词。**固定**资产是一种需要消耗资源生产的资产。飞机、汽车、药品专利均为生产的结果，这一点同**金融**资产（上市企业股权等）的区别颇为显著：股权不是生产形成的（当然少数情况下企业也会印制股权证书证明股东权益）。因此，经济学家们所说的"**投资**"并不是购买股票之类的个人理财投资，他们所讨论的"**固定资产**"自然也并不是会计意义上的企业银行存款。

再次，定义还提到了"**投入资源**"。企业投资包括从外部购入的资产，或自行投入打造的资产。

最后来分析"**生产者**"一词。国民经济账户统计的是企业、政府或第三部门①的"**生产**"活动，而家庭生产活动（在家洗衣、做饭等）并未纳入核算范围，家庭投资购置洗衣机、灶具也不在测度之列。该核算模式的这一定义特征也是 GDP 广受诟病之处（更何况家庭投资体量巨大，再者 GDP 也未将主要由女性创造的经济产出纳入统计范围）。或许有朝一日，国民经济中"生产"的含义范围将会得到拓展；我们认为，本书讨论的多数"变化"既与生产者相关，又存在于家庭部门之中。

故而，本书讨论的"投资"既不是股市里的有价证券交易，也不是家庭支付学费的行为，而是企业、政府或第三部门的支出中形成固定资产（非金融资产）的部分，即创造了长期生产服务的资源。我们将此类可提供长期生产服务的固定资产称为"资本"。由于资本和劳动力均可创造生产服务，因此经济学家称之为"生产要素"。[3]

投资对象不都是有形物品

在上节列举的投资例子中，我们提到了药品专利。假设一家药企拥有一项药品专利。显然生产者是药企，而不是家庭。药企通过投入资源研发，或出资购买的方式获得了这项专利。它形成于生产过程中（在这

---

① 非营利部门。——译者注

一案例中，生产是实验室科学家的研发工作），如果该项专利颇有成效，那么药企即可以在此基础上进行开发、销售，专利就相应地获得了长期的价值。这项专利便是无形资产投资形成的一项**无形资产**。上文探讨的健身行业各类资产（会籍软件、莱美国际杠铃操品牌等）也同属此类。无形资产形成于生产过程，在经过生产者购置或改进之后，无形资产可为企业创造效益。

在经济体系中，无形资产投资可以说无处不在。假想一家太阳能面板制造商通过投资研发掌握了一个低成本光伏电池制造流程：企业现阶段投入资金的目的则在于获取知识，并在将来通过这些知识创造效益；又如，一家流媒体音乐初创公司可能会投入数月时间同唱片商设计合约、商谈条款，其目的在于获得唱片商音乐曲目的使用授权——这也是通过短期投入换取长期回报的案例；再如，一家培训机构斥资购得一项流行心理测试的长期使用权：这同样也属于投资行为。

上述投资中，部分投资为全新的科技创意，另一部分则同科技并无太大关联：或体现为新的产品设计、新的商业模式，或体现为企业长期、独有的商脉资源——如打车软件旗下的司机网络。还有一部分投资则体现为成文信息，如顾客会员卡数据库。其相同之处在于这些投资均无实体形态，因此我们称之为"**无形资产投资**"。

表 1.1 中列出了部分投资的实例。表格左列为企业的有形资产投资：建筑物、通信技术设备（计算机硬件等）、非通信设备以及车辆；表格右列则为无形资产投资：软件、数据库、设计、矿藏勘探、研发和商业流程。尽管企业会计师和国民经济统计师们并无意将表格右列所列无形物品的支出计为投资，但是我们将在下文看到，在过去 40 多年当中，其中部分无形物品的支出已经被归入了投资的范畴。

表 1.1　无形资产投资和有形资产投资实例

有形资产投资	无形资产投资
建筑物	软件
信息与通信技术设备（电脑硬件和通信设备等）	数据库
非电脑机械和设备	研发
车辆	矿藏勘探
	娱乐，文学或艺术原作
	设计
	培训
	市场研究和品牌推广
	业务流程重组

来源：编自 The System of National Accounts (SNA) 2008, para 10.67 and table 10.2，及 Corrado, Hulten, and Sichel 2005。SNA 统计范围亦将武器系统和人工培育生物资源列为有形资产。SNA 将研发、矿藏勘探和评估、计算机软件和数据库，及艺术原作归为无形资产。其他无形资产为 Corrado, Hulten and Sichel 2005 一书中所列的无形资产。

无形资产投资稳步增长

无形资产投资的扩张并不仅仅是健身行业特有的现象。

在多数人颇为熟悉的超市零售业，情况同样如此。假想我们穿越回 40 年前的一家自选超市，尽管这家超市看上去有些陈旧过时，但至少仍可辨别，并且同现在的超市似乎并无不同：宽敞的门店内摆满了货架、冰箱和冰柜，顾客将选好的商品放入购物车，然后推到收银台结账；在超市的后台区域，可看到一辆辆从中心仓库发来的供货卡车。如今，超市零售业的各类有形资产早已发生变化：首先，门店形态已然不同（一些门店迁出市中心，并扩大了店面规模，而地处市中心的门店则缩小了店面规模），超市收银台安装有更多的硅芯片，店内还设有自助收银台。但是，相较于无形资产的变化，这些有形资产的变化可谓微不足道。早在 20 世纪 70 年代，条形码就已被广泛用于超市库存管理，在 20 世纪八九十年代，这一技术又推动了电脑化系统在供货链管理中的应用，极大地提升了行业生产率。同时，超市经营者还投资打造多层次定价体系、发起声势浩大的品牌推广和市场营销活动（推出了门类丰富的自有品牌商品等）、开发内容详尽的流程规范，并辅之以培训；企业投资构建的新型管理体系使得门店和总部能够随时掌握销售业绩、平衡库存规模，并规划促销活动。除此之外，行业内还涌现出大量的无形资产密集型企业，其中既包括依靠软件运营、无实体门店的在线零售商（FreshDirect 和 Ocado 等），也包括专为超市提供信息处理服务的顾客数据服务商（DunnHumby 和 LMUK 等）。

发展迅速的科技企业的无形资产密集程度往往较高，部分原因在于软件和数据本身即为无形资产；同时，随着计算机和电信业的发展，软件的作用更为重要，并将具备更多功能。风险投资人马克·安德里森（Marc Andreessen）曾断言"软件会吃掉世界"，但在这一过程中，软件并非唯一的主角，其他无形资产也同样颇为重要，如苹果公司的产品设计及其无可比拟的供应链——苹果凭借这点确保了设计精美的产品可迅速上市，并且供货充足，能够满足顾客的需求。无形资产的案例还包括共享经济巨头优步的司机网络、爱彼迎的房东网络，以及特斯拉的制造业专有技术。尽管计算机和互联网是驱动这一投资变化的重要因素，但是这一变化的出现可谓由来已久：它的发端不仅早于万维网，甚至还早于互联网和个人电脑。

如果我们统观整体经济数据，无形资产投资的兴起则会更为明朗。在过去几年中，经济学界测度了未列入国民经济账户的各类无形资本，从而估算出了更为精准的无形资产投资数据。下一章将探讨无形资产测度的内容和方式。图 1.1 展现了这一总体趋势。

尽管过去几十年中无形资产投资的测度并不是经济学界研究的重心，但是研究者仍测算出了几十年来无形资产投资的规模。

早些年，即便是在最为发达的国家，无形资产投资仍处于次要地位。如图 1.1 所示，这一均衡已经逐渐发生了变化：无形资产投资逐渐稳步增长，与此同时，有形资产投资所占经济产出的比例增速放缓，甚至偶有下降。20 世纪 90 年代中期，美国无形资产投资的规模开始超过有形资产投资。[4]

图 1.1　美国各时期无形资产投资和有形资产投资状况

注：该数据为美国企业的无形资产投资额和有形资产投资额同非农部门产出（包括无形资产的产出）的比率。数据截至 2007 年。

来源：Corrado & Hulten 2010 在线数据附录。

　　只有美国的无形资产投资规模可回溯至这么久远的年代。彼得·古德里奇和其团队则将英国的无形资产投资数据回溯至 1992 年。如图 1.2 所示，研究者发现，20 世纪 90 年代后期，英国无形资产投资的规模开始超过有形资产投资。

　　欧盟近年资助了一系列的研究项目，这些研究以相同口径采集了欧盟各国的无形资产投资数据。[5] 图 1.3 所列的数据为欧洲主要经济体的投资数据，从中可看出，尽管这些国家无形资产投资的规模还在不断扩大，但仍然未超过有形资产投资。如将各国数据加以汇总，则可得到图 1.4，从中可以看出，在全球金融危机前后，这些国家的无形资产投资规模超过了有形资产投资。

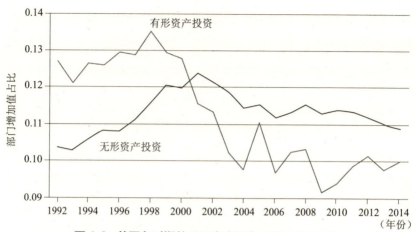

图 1.2 英国各时期的无形资产投资和有形资产投资

注：该数据为英国市场部门的无形资产投资额和有形资产投资额同英国市场部门产出（包括无形资产的产出）的比率。数据截至 2014 年。
来源：Goodridge et al., 2016。

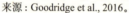

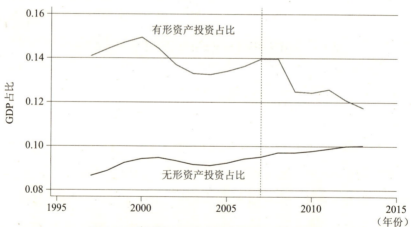

图 1.3 欧洲的无形资产投资和有形资产投资

注：数据为欧洲各国全经济体系中的无形资产投资规模和有形资产投资规模所占 GDP（包括无形资产的产出）的比重。数据截至 2013 年。欧洲国家包括奥地利、捷克共和国、丹麦、芬兰、法国、德国、意大利、荷兰、西班牙、瑞典和英国。
来源：作者据 INTAN-Invest 数据库（www.intan-invest.net）计算得出。

观察各国数据可知，部分国家无形资产密集程度相对较高。图 1.5 为已有数据国家有形资产投资的 GDP 占比和无形资产投资的 GDP 占比，根据无形资产投资 GDP 占比的升序排列。最左侧为西班牙和意大利。

两国无形资产投资的 GDP 占比较低，而有形资产投资的 GDP 占比较高，因而可以称之为有形资产密集型经济体。德国、奥地利、丹麦、荷兰和法国紧随其后，其无形资产投资的密集程度分别由低到中逐渐上升，而

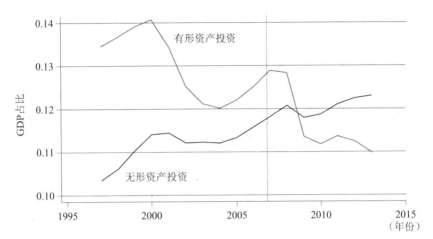

图 1.4　1995—2015 年欧洲和美国的无形资产投资和有形资产投资 GDP 占比
注：国家包括奥地利、捷克共和国、丹麦、芬兰、法国、德国、意大利、荷兰、西班牙、瑞典、英国和美国。
来源：作者据 INTAN-Invest 数据库（www.intan-invest.net）计算得出。

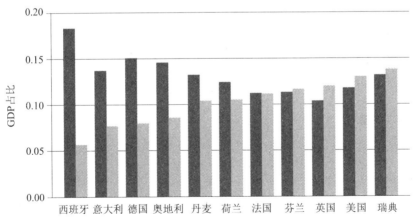

图 1.5　各国无形资产投资和有形资产投资的 GDP 占比（平均值，1999—2013）
注：数据为整体经济数据，GDP 数值为包含无形资产的调整数值。国家为奥地利、丹麦、芬兰、法国、德国、意大利、荷兰、西班牙、瑞典、英国、美国。
来源：作者据 INTAN-Invest 数据库（www.intan-invest.net）计算得出。

有形资产投资的密集程度则由高到中依次下降；并且其有形资产投资规模均高于无形资产投资。而芬兰、英国、美国和瑞典四国的无形资产投资密集程度均高于有形资产投资。

显然，这些国别数据的差异同我们的直观感受一致。总体而言，地中海国家的无形资产投资规模最小，北欧国家、美国和英国居于前列，而其他欧陆国家则位处中游。

这些图表代表了十多年来记录、测度无形资产的研究成果。下一章将探讨相关的研究及测度方法。在此之前，有必要先思考这一问题：哪些因素推动了无形资产投资长期以来的增长？

无形资产投资长期增长的原因

本书的主要目的是阐释无形资产投资的兴起，以及这一趋势对整体经济的影响，而不是探究无形资产投资持续增长的原因。不过在详细讨论无形资产投资的测度方法之前，我们不妨来思考可能有哪些原因导致了这一现象的出现。

我们再来回顾上文图表所揭示的国别差异，借此分析这一巨变背后会有哪些致因。

科技与成本

长期以来，人们一直认为，得益于工业自动化和人力节约设备的应用，制造业的生产率增长普遍高于服务业。由于服务业劳动密集度较高，久而久之，其成本规模将超过制造业。（最早提出这一效应的是威廉·鲍莫尔，因此经济学界称之为"鲍莫尔成本病"。）

多数的有形资产投资都是制造品（各国工厂出产的厢式货车、机械工具、硅芯片等）。有形资产投资（电缆铺设、门店装修以及整个建筑行业）固然需要大规模劳动力投入，但是生产制造也同样颇为重要。

相较而言，无形资产投资更加依赖劳动力：投资设计、投资研发、投资软件均需向设计师、科学家和软件开发者支付薪酬。故而如鲍莫尔所言，久而久之将会出现无形资产投资的相对增长。但是，由于部分无形资产的成本较为"固定"，或为一次性的投入（下文将对此进行详述），或将抵消其中部分增长，因此无形资产投资的相对增长未必一定是最终的结果，但至少也是其中的一种情形。

科技与无形资产生产率

新技术的出现也为企业高效地投资无形资产创造了条件。信息技术可谓是最显著的例子。由于多数无形资产均同信息、通信有关，因此几乎从定义便可知道，信息技术能够提高这些无形资产的运行效率。从理论上讲，早在电脑和智能手机出现之前，优步的大型司机网络就完全能够实现（毕竟出租车无线电系统早已问世）了，而智能手机的普及使得这一技术更加前景广阔：智能手机不仅可以快速进行人车匹配，同时也兼具司机评分和行程计价功能。

社交技术也同样提高了无形资产投资的回报率。源于 19 世纪德国的"企业研发实验室"（corporate R&D lab）在德美两国不断发展（生产无形资产投资的无形资产投资），使得商业研发更为系统化、可创造更高的回报。各类系统（如丰田公司在精益生产流程中使用的看板管理模式）的问世和发展提高了组织投资的回报。协同编程与代码托管网站（GitHub 和 Stack Overflow 等）也同为社交技术——通过促成程序员们彼此协作提高软件投资的回报规模。

这一点在各国的无形资产投资数据中也有体现。图 1.6 展示了 GDP 中无形资产投资所占比重同有形资产投资中 IT 投资所占比重之间的相关性。

　　由此又会衍生出一个有趣的问题：无形资产投资的兴起是否可能只是信息技术发展的结果？无形经济究竟是摩尔定律的必然结果，还是埃里克·布莱恩约弗森和安德鲁·麦卡菲断言的"第二次机器时代"的附带现象？尽管科技变革之间的因果关联难以证明，但是我们有理由相信，实际的情形更为复杂。诚然，一些无形资产的运行需要通过计算机的操作才能够实现，对于软件类无形资产而言更是如此。显而易见，信息技术的发展也推动了诸多无形资产（娱乐产品等）市场规模的剧增。

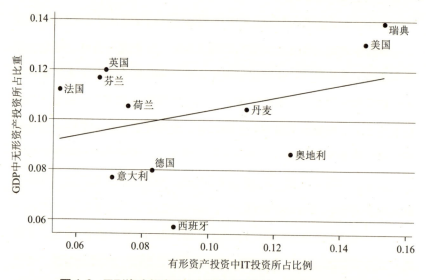

图 1.6　无形资产投资和 IT 投资（平均值，1999—2013）

注：国家为奥地利、丹麦、芬兰、法国、德国、意大利、荷兰、西班牙、瑞典、英国、美国。
来源：作者据 INTAN-Invest 数据库（www.intan-invest.net）计算得出。

　　但是计算机的兴起显然并不是驱动无形经济发展的唯一因素。首先，如上文所言，无形资产投资初兴于 20 世纪四五十年代，得益于半导体革命，甚至更早之时。其次，尽管软件和数据等无形资产高度依赖于计算机，但其他类型的无形资产（企业品牌、组织发展和培训活动等）并无此依赖。最后，有创新研究学者认为：无形资产和现代信息技术相互促进、共同发展。历史学家詹姆斯·贝尼格将现代信息技术的发展归因于对生产控制、运营控制的高度需求。这一需求最初源自军方，此后商界的需求逐渐成为主导。按照这一逻辑，应当说是亟须无形资产投资的经济体系催生了信息技术及相关的先期研究，而不是妙手偶得的各类信息技术形态推动了无形资产投资的兴起。[6]

产业结构

一种看似有理的解释将无形资产投资的兴起归因为企业产出均衡的变化。众所周知，在发达国家的产出结构中，服务业所占比例较高，即便是德国、日本等制造业大国也同样如此。最早断言"后工业社会"即将兴起的社会学家和未来学家之中，也有人曾预见到了"知识经济"的到来。那么，幽暗、阴森的厂房如今是否正被投资系统、信息、创意的各类服务型企业所取代？

然而，并没有清晰的证据能够证明这一点。如图 1.7 所示，在 20 世纪 90 年代末，各国服务业的有形资产投资密集程度更高，但是这一情形已然发生了逆转；值得注意的是，制造业的无形资产投资密集程度高于有形资产投资，并且二者的差距变得更为显著。因此，经济结构能够影响无形资产的相对重要性，但久而久之，这一影响也会发生改变。制造业的数据也并无意外之处，其部分原因可归于全球化的影响。随着发达国家开放同发展中国家的贸易往来（中国于 2001 年加入世界贸易组织），发达国家不得不集中精力发展拥有比较优势的行业。高薪经济体中蓬勃发展的制造业公司往往也是大规模投资于无形资产（辉瑞和劳斯莱斯的研发项目、日本车企的精益生产模式等）的企业。（由于全球化需要复杂的组织体系和商业网络，因此可直接推动无形资产投资的增长。）

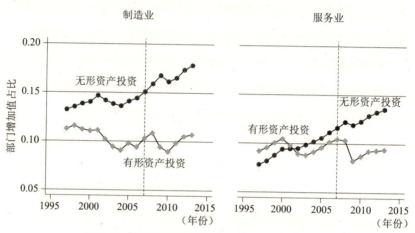

图 1.7　制造业和服务业的无形资产投资密集度
（部门实际增加值实际占比，欧盟和美国，非农企业）
来源：作者据 INTAN-Invest 数据库（www.intan-invest.net）和 SPINTAN 数据库（www.spintan.net）计算得出。

商业环境的变化

　　自 1980 年以来，全球多数主要经济体都稳步放宽了对产品市场和劳动力市场的监管。与此同时，与 20 世纪六七十年代的情形迥然相异的是，多数左翼和右翼政府均热衷于为企业营造良好的营商环境。这一因素是否也促进了无形资产投资的长期兴起？

　　再回来观察各国无形资产投资规模的对比，我们便可看出：放松对产品市场和劳动力市场的监管有利于促进无形资产投资的发展。图 1.8 展示了企业部门有形资产投资、无形资产投资各自所占 GDP 比重同 OECD 就业保护度（strictness of employment protection）之间的关联。在就业保护度较高的国家，雇工成本和辞工成本相对较高（意大利）；

而在就业保护度较低的国家，雇工成本和辞工成本则相对较低（美国和英国）。

图 1.8 揭示了一个颇为有趣的现象：在雇工、辞工限制较多的国家，有形资产投资**规模较大**，而无形资产投资**规模较小**。劳动法规对有形资产投资的影响可谓一目了然。如果聘用、管理员工让人头疼，那么企业则可能会转而投资机器设备。劳动法规对无形资产投资的影响则恰恰相反，其原因在于，投资新型无形资产通常需要劳动者改变工作模式。试想一家工厂引入了精益生产流程（属于组织发展投资），或转而生产其他产品。投资新型无形资产还存在一定的风险：投资极有可能最终落得血本无归，企业家也对此颇为清楚。因此，如果用工灵活度较低，企业则有可能在一开始就知难而退。[7]

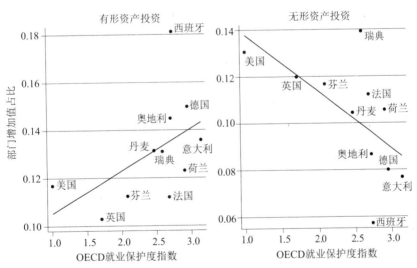

**图 1.8　有形资产和无形资产投资与监管
（部门增加值占比，1999—2013 年期间平均值）**

注：国家包括奥地利、丹麦、芬兰、法国、德国、意大利、荷兰、西班牙、瑞典、英国和美国。
来源：作者据 INTAN-Invest 数据库（www.intan-invest.net）和 OECD 数据计算得出。

这一结论绝不是在支持损害劳动者权利的行为，但是它确实可以进一步地解释数十年来投资差距持续存在的原因，同时它也提醒我们这些变化和政治并非毫无关联。

图 1.9 展示了市场部门无形资产支出同政府部门研发支出之间的相关性。在芬兰和瑞典等国，政府部门研发支出和市场部门无形资产支出的规模较大，而西班牙和意大利则与之形成了鲜明的对照。由此可知，由于各国公共部门共同投资的规模各不相同，因此无形资产投资的规模也不尽相同。

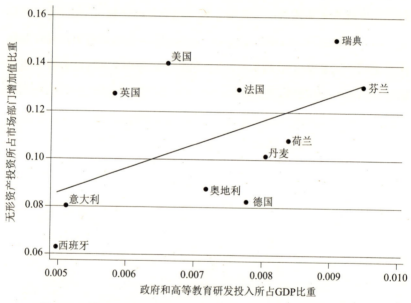

图 1.9 无形资产投资和政府研发投入（平均值，1999—2013）
注: 国家包括奥地利、丹麦、芬兰、法国、德国、意大利、荷兰、西班牙、瑞典、英国和美国。
来源: 作者据 INTAN-Invest 数据库（www.intan-invest.net）和 OECD 数据计算得出。

最后一个现象是，发达国家无形资产投资的 GDP 占比相对较高。克拉多和郝晓晖在其著作中指出，美国企业用的品牌推广支出约为人均 GDP 的 1%，而中国企业的品牌推广支出仅为人均 GDP 的 0.1%。众所周知，研发活动大多集中于少数几个发达国家，其原因或在于低薪国家主要投资于劳动密集型制造业，或在于其资金基础和技术基础不足，无法大规模地投资于无形资产。

全球化与增长的市场规模

无形资产投资的最后一个决定因素是市场规模。很多无形资产（星巴克的品牌或脸书的软件等）几乎可以无限地扩展（第4章将详细讨论）。因此，规模较小的市场（如贸易壁垒较为森严的国家）通常对无形资产投资并无吸引力。

图1.10展示了无形资产投资的GDP占比同OECD服务贸易限制性指数的关系（图表中横轴从左往右代表着服务贸易限制程度的逐渐升高），它有助于解释各国投资模式的分布。例如，经济较好的奥地利的无形资产投资规模相对较小。由于该国贸易限制程度较高，无形资产投资的规模不太可能得到扩展。

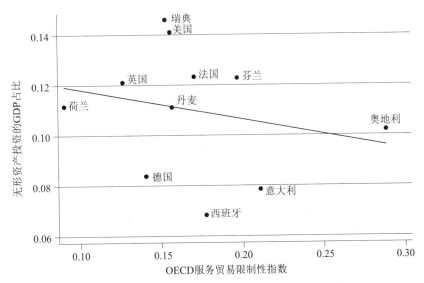

图1.10　2013年度无形资产投资和贸易限制程度

注：国家包括奥地利、丹麦、芬兰、法国、德国、意大利、荷兰、西班牙、瑞典、英国、美国。

来源：作者据 INTAN-Invest 数据库（www.intan-invest.net）和 OECD 数据计算得出。

因此，过去半个世纪内国际贸易出现了平稳的增长，这也促使外贸企业纷纷投资于无形资产；同时，由此可知，如果英国退欧，或贸易政策因素导致了贸易壁垒的增加，则会降低企业投资无形资产的意愿。

小结：资本的无形化

无形资产投资已经变得日益重要。如果按照新的方法进行测度，那么几十年来无形资产投资的规模一直处于增长之中，并且在一部分发达国家，其规模已经超过了有形资产投资，而有形资产投资规模则呈现了增长放缓的迹象。无形资产投资的发展可归因于以下几点：经济体系内服务业和制造业的均衡变得不同以往，全球化浪潮逐渐席卷各国，市场自由化程度日渐提高，信息技术、管理技术不断发展，以及服务业的投入成本发生变化（这一因素对无形资产投资的作用更为重要）。下一章将深入探讨如何测度经济体系内的无形资产投资。

2 测度无形价值
经济学家的构思

本章将阐释测度无形资产投资的方法，以及经济学家构思这一方法的过程。

怎样测度投资？为什么要这样测度？

GDP 和国民经济账户体系的发展经历了一个漫长的过程，无形资产投资的测度只是这个庞大体系中较晚出现的一个部分。[1] 黛安娜·科伊尔的《极简 GDP 史》(*GDP: A Brief but Affectionate History*) 和伊桑·马苏德的《GDP 简史》(*The Great Invention: The Story of GDP*) 都以生动的笔触介绍了 GDP 的发展过程。

如何划定其统计范围？这是 GDP 的创造者们曾面临的一大概念性难题，并且这一问题也是早已有之。亚当·斯密在《国富论》中表达了这样的困惑：同罗马帝国衰落时期英格兰的产出水平相比，此时的英格兰产出水平是否更高？尽管并无数据支持，斯密还是简单地断言答案确实如此，理由在于其生产型劳动力较多，而非生产型劳动力较少——后者的范围包括"仆佣……君主……话剧演员、滑稽剧演员、乐师和歌剧演员"等职业的人群。[2]

随着"大萧条"的降临,经济学家纷纷思考经济体系的症结所在;此时此刻,确定 GDP 的范围也变得越加迫切。经济确实出现了问题,这一点人人皆知,但其产出跌幅却无人知晓。从 1930 年至 1931 年末,福特公司主打车型 Model A 的销量暴跌 50%。钢铁制造业产量也出现崩塌式下跌:产能利用率从 1929 年 9 月的 96% 跌落至 12 月的 60%。但**整体**经济下滑幅度并无数据可循。统计整体经济的困难之处在于,钢厂产出同时也是汽车厂商的投入,因此将二者的产出进行简单的叠加会导致重复统计。因此测算 GDP 的复杂程度远远高于想象:不能仅仅把各行业产出进行简单叠加。

那么,如果单计汽车行业产出,是否可避免重复统计?假如车企所采购的钢材完全用于汽车制造,那么使用这一方法并无问题;但是如果车企购入的是钢质机床,并且年复一年地重复使用,那么又会出现怎样的情形?机床中的钢材并**不会**耗尽,如前文所言,机床是**资产**。因此,应将长期存续品同生产消耗品区分开来。基于这一点,GDP 的首创者们认为,创造可长期存续品的支出(或称之为投资)应当计为经济产出的一部分。

为什么说将投资纳入 GDP 颇为重要?我们可通过一个简单快速的思维实验弄明白这一问题。假如我们回到 20 世纪 40 年代末,此时 GDP 测度体系正日渐成为主流。假设存在颇为相似的两个国家,两国均年产汽车一千辆,其产品均在各自国家销售。

两国唯一不同的地方在于,甲国还为车企制造新型机器,而乙国并无相同举措。毕竟机床、传送带和喷漆设备不属于消费者的购物范围,因此机器产出不会计入消费支出统计。但是到了年底,甲国显然会制造出更多物品:除了崭新锃亮的汽车外,甲国还制造出了帮助车企提升质量、节约成本的新型设备。如计算甲国产出，可直接将汽车制造价值和机器制造价值进行相加，所得结果即为 GDP 数值。此外，也可间接地通过将消费者总支出和企业投资支出相加得到 GDP 数值。理论计算较为简单，两种方法计算所得结果也完全相同；但是在现实中，产值的计算殊为不易。首批 GDP 数据的估算便采用了支出法，原因在于支出的测度较为容易。国民经济统计师可通过消费者调查和企业调查，分别获得消费支出数据和投资支出数据。因此，投资是 GDP 的一部分。

经济学家从 20 世纪 40 年代开始着手 GDP 测度，在经历了"二战"的重创之后，各国急欲重振工业产能，故而此类投资颇为重要，投资测度备受重视也不足为奇。

然而，此时的框架体系仍将"投资"严格限定为**实体**物品。车企添置的新型机器可以计入投资，而设计新车花费的时间却不能计入投资。设计新车花费的时间被视为企业的运营成本，类似于钢材、电费等"中间投入品"，因而不计入产出。在投资被归入长期存续品的同时，设计新车花费的时间却被视为无法存续的生产消耗品。[3]

这一框架体系很快遭到了经济学界的质疑。早在 20 世纪 60 年代，经济学界就已开始思考"投向知识的支出能否长期存续"的问题。奥地利移民弗里兹·马克卢普在"二战"期间迁居美国，并任教于纽约大学（他曾师从奥地利经济学家路德维希·冯·米塞斯，但由于马克卢普质疑"金本位"，师徒关系一度陷于破裂，两人足有三年互不理睬）。在其 1962 年成稿的论著《美国的知识生产与分配》（*The Production and Distribution of Knowledge in the United States*）一书中，马克卢普提出了是否可将各类知识视为有价值的物品，就像机床和喷涂车间生产的汽车。马克卢普测度了企业在研发、营销与品宣和培训等方面的支出。

马克卢普的著作颇受欢迎，在非经济学界更是备受推崇。经济学界同样意识到研发和知识生产对 GDP 的增长至关重要，其代表人物为供职于美国应用经济学智囊机构国家经济研究局（National Bureau of Economic Research）的学者兹维·格里利切斯。国家经济研究局于 1960 年召开重大会议，主题为"发明活动的速度和方向"（The Rate and Direction of Inventive Activity）。一个 OECD 的工作团队则聚集于意大利弗拉斯卡蒂，并商拟出了一套测度研发的通用框架，之后还将其编写成书，即后来广为人知的"弗拉斯卡蒂手册"（Frascati Manual）；此次提出的定义（先后历经数次修订，最新一版为 OECD 2015 年版）至今仍被用于测度研发。1966 年，跨学科创新研究的倡导者克里斯·弗里曼在英国萨塞克斯大学创立科学政策研究中心。但此时的国民经济账户仍以有形资产投资为重。统计师们找到了测度有形资本存量的更好方法，此外在其他方面也取得了一定进展，如投入产出表，以及在经济全球化背景下应运而生的国际贸易测算。

而恰恰是计算机这一项有形资产重新激起了经济学界测度无形资产的兴趣。自 20 世纪 70 年代中期开始，发达国家的生产率增长持续低迷，这成了令 20 世纪 80 年代的经济学家们大感困扰的一个谜题。广受追捧的新兴计算机技术也最终未能像人们期待的那样掀起商业领域良性的变革。经济增长研究的主要贡献者、经济学家罗伯特·索洛在 1987 年提出了一个著名论断：计算机时代的冲击无处不在，唯独在生产率统计中难觅其踪。

这些批评之声也促使以国家经济研究局为代表的各国统计机构更深入地检视了信息和信息技术的统计处理方法，并推行了两类创新措施。

第一大创新举措是，国家经济研究局在 20 世纪 80 年代同 IBM 合作推出了基于质量调整的计算机价格指数。此举对测度企业计算机硬件投资影响颇深。以食品为例，多数情况下同一商品的价格往往随整体通货膨胀上升而轻微上涨。然而就计算机而言，即便售价上升，其质量水平也断然不同。这是因为，计算机的各项质量指标（运行速度、系统内存和磁盘空间）也在飞速提升，因此其"质量调整"价格实际处于快速下跌状态，即购置计算机的每一元钱所获得的质量都在飞速提升。

随着计算机在经济体系内逐渐普及，将质量修正引入官方计算机价格数据统计变得日益重要。1994年，斯蒂芬·奥利纳和丹·希克尔发表论文指出，质量调整对了解美国的生产率至为关键。与此同时，OECD经济学家亚历桑德拉·克莱齐娅和保罗·施赖尔在其著作中指出，除美国之外，多数国家统计机构**并没有**引入质量调整。克莱齐娅和施赖尔将美国的计算机质量调整数据应用于其他经济体（毕竟计算机是一种国际化程度较高的物品），其结果显示，计算机对增长的贡献的确远超国民经济统计所揭示的数据。

第一次创新主要是计算机硬件统计的创新，而出现在20世纪90年代的第二次创新则是计算机软件统计的创新。部分企业会编写大量的软件程序，大型企业对此尤为热衷。而各大银行在软件开发方面更是投入甚巨：花旗银行程序员团队的规模甚至曾一度超过了微软。随着统计师们对软件支出的认识日渐深入，他们逐渐意识到软件并不是一种有形物品（计算机等），而是一种无形物品：一种体现为代码的可长期存续的知识。软件固然也需要定期调试、定期更新、定期升级，但其存续时间可达数年。任何在银行IT部门工作过的人都知道，大型银行一直沿用大量陈旧代码，想将其替换几乎不可能，因为高昂的替换成本恐怕会让银行沦为"无银之行"。

因此，经济学家们认为，软件或许应当归为投资。但是问题在于，统计机构向企业定期发放的投资调查问卷中并不包括软件这一类别。其询问内容涉及企业投到计算机、机械设备、车辆和建筑上的支出，而软件不在其列。这恰恰印证了时任美联储主席艾伦·格林斯潘的担忧：新经济已经出现，但是统计机构却仍然没有捕捉到它的踪影。

国家经济研究局从 1999 年开始将软件计为投资，纳入美国 GDP 测算。该机构估算企业软件投资时综合了两种方法：通过十年一度的调查获得企业从外部购置软件的投入额，并依据软件部门员工薪资的倍数算出企业的内部软件投资额。其他国家在 OECD 的支持下也引入了这一测算方法，并在其投资问卷中加入软件投资调查。由于引进上述测算方法需耗时日，英国相关机构请求经济学家尼古拉斯·奥尔顿推荐一个短期解决方案。奥尔顿建议在当时的软件支出额基础上乘以 3。事实证明，英国引入了美国的测算方法之后，所得到的数字几乎就是原值的三倍。

随着新经济的理念广为传播，经济学界也开始从更为广泛的角度研究知识投资。罗伯特·卢卡斯、保罗·罗默、菲利普·阿吉翁和彼得·霍伊特等多位经济理论学者的经济模型均强调了知识对经济增长的关键作用，其作用形式或体现为生产者之间的知识外溢，或体现为企业竞相投资，持续对其产品进行改良。

尽管经济理论界并未如此表述，但是到了 21 世纪初，商业经济学界逐渐认可：企业斥资打造的非实体物品也同样具有价值，并且其价值能够长期地持续存在，这一观点在美国尤为流行。除了软件和研发之外，新型的组织模式也同属此列。纽约大学会计学教授巴鲁克·列夫在其极具影响的论著中探讨了企业应如何管理、规划这一新型投资。他指出无形资产投资具有的若干特征（下一章将对此进行讨论），同时他也发现企业资产负债表并未计入无形资产投资。美国宏观经济学家罗伯特·霍尔的研究思路与此相近，他的研究集中于探讨无形资产能否用来解释股票市场。霍尔在 2001 年发表了《努力理解美国股市》(*Struggling to Understand the US Stock Market*) 一文，并用该文的标题简洁地概括了他的研究工作。除了学界之外，政策界也开始思考这一问题。费城联邦储备银行经济学家莱昂纳德·中村最先估算了美国的未统计无形资产投资规模，并将这一数字写入了论文的标题之中："美国无形资产投资规模几何？每年（至少）一万亿美元！"与此同时，远在巴黎的 OECD 也在积极思考如何构建能将无形资产纳入其中的框架体系。

20 世纪 90 年代末互联网泡沫带来的欢愉终未长久。淘金新经济的困难程度远远超过 Pets.com 和安然（Enron）投资者们的想象。然而，无论是否得益于新兴信息技术的发展，创意投资、知识投资和网络投资的理念总归是延续了下来。

在 2002 年春天，以科技股为主导的纳斯达克指数同其网络泡沫时期高点相较累计下跌 65%；与此同时，一批经济学家开始认真、缜密地研究如何测度新经济下的投资。创办于 1936 年的美国收入与财富研究会议（The Conference on Research in Income and Wealth）在华盛顿召开，会议领军人物为美联储委员会经济学家卡罗尔·克拉多和丹·希克尔，此外还有马里兰大学经济学教授约翰·霍尔蒂万格。与会期间及其后时日，克拉多、希克尔和马里兰大学经济学家查尔斯·哈尔顿构建起了一套框架体系来统计各类无形资产投资及它们对 GDP 的贡献。

随后，经济学家们又开始紧锣密鼓地定义、测度各类无形资产投资。他们首先测度了美国，后来逐渐扩展至其他国家。2005 年，哈尔顿和希克尔发布了最早的美国无形资产投资估算数据。2006 年，哈尔顿在英国财政部召开研讨会，介绍了美国研究团队的工作，而英方对此的反应极为迅速（在学术研讨会史上也堪居前列），随即委派团队测度英国的无形资产投资规模；团队成员托尼·克莱顿、毛罗·乔治欧·马拉诺、乔纳森·哈斯克尔和加文·沃利斯估算出了英国 2004 年度的无形资产投资规模。与此同时，日本学者深尾京司、宫川努、迎坚太郎、筱田由纪夫和外木好美也测度了日本无形资产投资的规模。2010 年，《收入与财富评论》（Review of Income and Wealth）出版了一期无形资产专刊，介绍了美、英、日三国的无形资产投资测度工作。

与此同时，官方统计数据也开始逐渐计入无形资产投资。作为新闻报道和分析报告所引 GDP 数据的发布者，各国统计机构开始关注企业的新型投资，并将其纳入国民经济统计。《国民账户体系（1993）》正式将软件计为投资，此后，《欧洲账户体系》（European System of Accounts）和《英国账户体系》（UK National Accounts）也分别在 1995 年和 1998年进行了相同的调整。《国民账户体系（2008）》提出可将研发也计入投资，此建议已逐渐为数国所采纳（英国于 2004 年将研发列为投资）。《国民账户体系》早在 1993 年便已建议将娱乐、文学和艺术原作计入投资，但多数国家并未响应，只有部分国家付诸实践，美国更是到了2013 年方才完全采纳了这一做法。这些调整的累计效应颇为显著。例如，在将软件支出进行资本化处理后，美国 1999 年度的 GDP 总量较原值增长了 1.1%；而将研发进行资本化处理后，该国 2012 年度 GDP 总量较原值增长了 2.5%，并且这些数字还在持续增长。

无形资产的类型

本节将介绍测度无形资产投资的框架体系。经济测度首先要面对的挑战是定义，只有阐明测度的对象才能够进行数据收集。1962 年，弗里兹·马克卢普最早将几类投资列为测度对象；到了 21 世纪，OECD 团队在此基础上又有发展；巴鲁克·列夫和莱昂纳德·中村对此亦有详述。2005 年，克拉多、哈尔顿和希克尔在着手研究无形资产投资测度的过程中沿用并拓展了这些前期研究成果。

他们将无形资产投资划分为三大门类：电脑化信息、创新财产和经济竞争力。如表 2.1 所示，三种门类投资所形成的资产类型也各不相同。

电脑化信息是其中最为清楚明了的无形资产投资类型：任何涉及计

算机信息输入的供长期使用的投资均为电脑化信息投资。最显著的例子当属计算机软件，其中包括企业购置的软件，以及其自行编写的软件。电脑化信息还包括数据库，尽管数据库在该投资门类中所占的比重较低，但是考虑到后来大数据迎来了爆发式的发展，以及其对科技行业乃至其他行业大型企业的重要性与日俱增，可以说，起初将数据库计为投资的做法颇有先见之明。

表 2.1　无形资产投资的门类

投资门类	投资类型	投资可形成的法定财产类型	在国民经济账户中是否计为投资？
电脑化信息	软件开发	专利、版权、设计知识产权、商标	是，始于 21 世纪最初几年
	数据库开发	版权、其他	为《国民账户体系（1993）》推荐
创新财产	研发	专利、设计知识产权	是，为《国民账户体系（2008）》推荐，逐步计入
	矿产勘探	专利、其他	是
	娱乐和艺术作品创作	版权、设计知识产权	欧盟计为投资，美国 2013 年开始计为投资
	设计和其他产品开发成本	版权、设计知识产权、商标	否
经济竞争力	培训	其他	否
	市场研究和品牌推广	版权、商标	否
	业务流程重组	专利、版权、其他	否

注：依照其官方定义，研发应视为科研投入，它区别于艺术或设计方面的投入。第三列中的"其他"指的是商业秘密、合同等。第三列所列的为正式知识产权；我们也认为所有的无形资产投资均可产生隐性知识。

来源：第一列、第二列源自 Corrado, Hulten, and Sichel 2005，第三列基于 Corrado 2010，第四列源于 Corrado et al.2013。

　　初看上去，**创新财产**较难分析。创新财产投资包括研发，而经济学家和统计师们对研发的测度工作也已持续了一段时间。这一投资门类也包括非科技类产品和服务的开发，如门店设计和航空座椅设计。此外，创新财产投资还包括其他形态的创造和发现，包括石油勘探和小说创作及相关权益。[4]

经济竞争力投资则涵盖了同创新或计算机无直接关联的各类投资。克拉多、哈尔顿和希克尔于 2005 年发表文章，将此类投资定义为"企业的品牌及根植于企业专有人力资源和结构资源中的其他知识的价值"。经济竞争力型投资主要有三种类型：市场营销和品牌推广（了解顾客需求、打造吸引顾客的品牌）；组织资本（构建独辟蹊径的商业模式、营造别具一格的企业文化）；针对企业需求开展的培训。

此外，表 2.1 还包含了另外两个信息。第三列为各类投资创造的知识产权，如研发专利，或娱乐投资版权。其中部分知识产权的形成还取决于所在地点，因为部分国家并不提供商业流程和软件类专利注册。（同样需要注意的是，从表格中可以看出，同很多创新测度指标相似，专利指标只能够反映出创新活动的部分成果。）而最后一列则介绍了此类支出是否已计入投资统计：从中可知，多种门类已计入投资，但这一处理方法直到近年方才出现，其覆盖范围并不均衡，例如有的国家已将数据库计入投资，而有的国家未将其计入。

下一节将探讨如何测度无形资产投资，并思考将其计入投资的做法可能会招致哪些反对意见；最后，我们再来分析无形资产投资的测度在未来将会面临哪些挑战。

无形资产投资的测度

如前文所言，投资的目的在于创造具有价值的资产。我们首先介绍如何测度无形资产投资。之后我们再来探讨如何测度无形资产投资所形成的资产，这一过程会涉及一系列的复杂问题。

测度投资涉及若干步骤。首先应当确定的是企业的无形资产**支出**。其次，在部分情况下，企业的支出并未创造可长期存续的资产。例如，电影制作能够创造可长期存续的资产，而电视新闻快讯制作则无此能力。因此在对相关支出进行调整之后才能测度**投资**——企业的支出中可以创造长期存续资产的那一部分。最后，由于价格和质量都在不断发生变化，我们因而需要对该投资进行通胀调整和质量调整，从而得以将不同时期的投资进行对比。

想了解企业多数投资品的**支出**情况（其上一年度支出的英镑金额、欧元金额，或美元金额，经济学上称为"名义价值"）并不困难。如果统计机构想了解希思罗机场投资扫雪车的支出，或森宝利超市投资配送卡车的支出，咨询企业即可。统计机构会向企业发放表格，调查企业在统计机构认定的投资品方面的支出：如计算机、厂房、车辆和建筑物。英国国家统计局每季度都会面向 27 000 家企业发放"资本资产收购与处置季度统计调查"表格。[5] 该机构近年还在调查中增加了投资品类别，囊括了软件、数据库、艺术原作和设计（企业如有已售出的投资品，则其价值也在问卷调查范围之内）。

这涉及两个较为复杂的问题。第一个问题是如何确定调查中没有涉及的投资支出，如培训或市场研究？针对于此，研究人员需要参考其他调查采集的数据，或参考市场研究行业的产出规模。

第二个复杂问题在于，统计调查只涉及企业**购置**的投资资产。对于有形物品投资而言这一做法并无问题，因为极少会有企业自行生产有形资产投资品：机场不会自行生产扫雪车，超市也不会自行生产送货卡车；但同理并不适用于无形资产投资：许多企业（银行等）通常会自行编写软件、自行开展研发。因此，支出调查**既应**统计企业购买外部投资资产的支出，**又应**统计"企业内部"或"自有账户"投资资产的支出。

统计师测度企业内部支出的方法是设想企业内部有一个软件"工厂"（或研发"工厂"、培训"工厂"），之后再测度这一"工厂"运营所需要的支出规模。那么具体而言如何操作？答案是通过劳动力调查。各国统计机构都通过劳动力调查获得行业劳动力规模和薪酬信息，如零售业的设计师（门店设计师等）从业人数及薪资水平。此外还可以咨询行业人士，从而了解劳动报酬之外的附加成本，如日常开支和资本成本；软件开发的成本系数通常为 1.5 左右，也就是说，企业内部软件支出的估算值通常为软件相关岗位薪资成本的 1.5 倍。

这只是第一步，所得到的数字只是名义支出，这还不够；如想测度投资，我们还需要确定支出中存续期超过一年的部分。这是第二步，通过咨询行业人士可以获得相关信息。例如，程序员可能会将 90% 的时间投到编写可长期存续的软件资产上，而担负管理职责的软件项目经理或许只会将 5% 的时间投到编程工作上。设计企业的工作日志则表明该行业也存在类似情形：新手设计师的时间多用于设计，而资深设计师则主要忙于市场营销、行政管理，因此其投入时间需调整处理。与之相似，电视新闻类艺术原作（存续时间较短）的支出同电视电影艺术原作（存续时间较长）的支出也并不相同。

上述两个步骤可算得"名义投资"：支出乘以长期存续部分的比例。第三步则是将名义投资换算为"实际"投资，即对名义投资进行通胀调整和质量调整，如此一来，我们能够直接地将今天投到软件研发上的500 镑同五年前的 500 镑支出进行对比（更多关于"实际"和"名义"的测度指标可参见第 4 章）。

然而通胀调整颇为困难。由于各国央行选取具有代表性的一篮子物品，并监测其价格增长，因此整体通胀水平为已知数据。如有形物品定义明确、特性稳定（一吨标钢或一段铜线），则其通胀水平也同样为人所知；而我们对服务（管理咨询师、营销咨询师的建议等）价格却知之不多。针对于此，统计机构采取了三种办法：第一种是假定此类建议的价格也遵循着普遍的价格模式，第二种是将"建议"拆分为一篮子商品，再对其价格加以测度，比如依据起草遗嘱的价格、房产交易的价格来测度法律服务的价格。第三种方法则为"工时"测算法，即通过调查获得投入的总工时，及一篮子服务价格（审计、薪酬核算和税务咨询等会计服务）的单位工时成本，从而获得服务总价。

如果篮子物品质量变化过于迅速，其构建将尤为困难。例如软件质量逐年飞升，因此直接比较并无太大意义，我们可通过两种方法对其构建：一种方法是对篮子进行高频次更新；另一种方法则是确定相关质量属性，例如，计算机硬件的质量属性包含运行速度、内存大小和磁盘空间。随后，统计师将属性变化同整机价格变化相关联，借此确定每一质量属性的"价格"。总而言之，质量调整是统计工作的一大难题。哈尔顿引述了亚当·斯密的评论："质量是一个极具争议的问题，在我看来，此类信息均有一定不确定性。"

以上步骤可用于估测实际投资。而测度投资所形成的资产存量则需要另一套方法：经济学家首先需关注该项资产折旧的速度，即资产每年价值减损的幅度。（包括因欺诈、监管变化、临床测试失败等原因导致无形资产价值减损为零的情形。）如果得知经济体系每年的无形资产投资流量及其折旧率数据，则可计算出任何既定年份的无形资产投资存量。本章附论将对此进行探讨。

无形资产投资真的是投资吗？

对于多数人而言，将软件、研发和新品开发归为投资并不难理解。回顾前一章探讨的定义可知，投资首先需要投入资金，其次需要预期可产生长期回报，最后有可能为投资企业创造与投入相匹配的回报。

针对是否应将市场营销、组织资本和培训归入投资的问题，有人认为，市场营销（尤其是广告品宣）只是企业间的零和博弈：一家得到的市场份额实为另一家所失去的份额。也有人认为，将资金投于组织发展会导致企业管理僵化、劳而无功。还有人认为，培训不应归为投资，其理由在于，培训只能为参训员工创造资产，而培训企业则无此收获。

尽管上述批评都有一定的正确之处，但是它们并不足以将此类支出排除于投资之外。

第一种观点将**品牌推广**视为零和博弈，认为它仅仅是销售额的转移（从可口可乐到百事可乐）。此观点本身并不否认品牌推广是一种**投资**。投资可以创造长期存续的资产。假如美国航空公司购买了一架客机，并借此吞食掉了英国航空公司的部分市场份额，没有人会否认这是一种投资行为，而问题的关键在于甲企业的投资是否造成乙企业资产价值的下跌。[6] 如果跌幅达到了100%，则说明经济体系内的有效**净**投资为零，只有这种情况才可称为零和博弈。

尽管有一部分广告支出带有"狭路相争"的意味，但是，显然并不是所有的广告支出都会造成企业的此消彼长；部分广告甚至还可惠及同行，在推广自家产品的同时，也让消费者了解到同类产品的存在。

经济学家费迪南德·劳赫对这一问题的研究得益于一次罕见的政策调整。奥地利曾于2000年出台了一项新的税收政策，将各地原本高低不一的广告营销税率统一调整为5%；此举导致了部分地区的广告营销成本上涨，而部分地区成本下降。如果说广告营销确为零和博弈，那么这一新政也不应对企业的广告支出产生任何影响：按照这一逻辑，企业竞相投入"广告竞赛"的原因在于市场竞争，同税率高低并无关系。但是实际情况并非如此：在推行新税政后，广告投入确实发生了变化，成本上升的地区广告营销活动减少，而成本降低的地区广告营销活动增加。总体而言，企业广告投入增加的同时产品价格也出现了下降，这表明随着广告投入的增加，产品的销量更高，因而价格更低，这也印证了消费者获取了更多的信息，市场的运行也更加良好。

第二种观点认为，不应将**组织发展**归入无形资产投资，理由在于它不可存续，亦无价值。现实中确实也存在无效果、无价值的管理活动支出，在管理不善的企业中更是如此。文学作品也常常会讲述百无一用，甚至有碍发展的管理方式，其中的代表作品包括《誊写员巴特比》（*Bartleby the Scrivener*）和《办公室》（*The Office*）。同样，表面看来，组织发展的活动未必都可持续存在——管理咨询大多只能辅助企业进行短期决策，但无法创造全新的组织架构，即便行之有效，这一局限也在所难免。

但是，如果仅仅凭这一点就妄言组织投资不可存续、毫无价值，则未免言过其实。显然，管理有方、业绩优良的企业营造并维护良性的企业文化也需要相应的投入（包括时间投入和资金投入），相较于企业文化不佳的公司，这类企业更容易取得成功：可以试想丰田的"改善文化"，或者通用电气的"六西格玛"管理体系。第 7 章将对相关案例进行深入剖析。企业的创新通常需要投资组织架构调整，比如企业组建新业务部门负责新产品的销售。

企业还可投资打造极具价值的外部组织资产。蒂姆·库克为苹果公司打造的高效供应链便可长期为企业创造价值，苹果也凭借于此得以将其产品快速推向市场。对于共享经济企业而言，极具价值的资产则是其供应网络，如优步的司机网络和爱彼迎的房东网络。供应网络也同样属于资产：企业均为此投入重金（并斥资加以防范资产流失风险，例如，供应方可能会通过起诉要求获得雇员待遇），其价值也能够长期地持续存在。

再者，总体而言，尽管企业中也会存在毫无价值的支出，但由于企业时时需要面对市场的压力，如果企业屡屡投资于无法创收的项目，则可能会落得淘汰出局的命运，因此，企业很少会有毫无价值的支出，至少在市场部门情况如此。

因此，尽管我们在定义组织发展投资上确应谨慎而为，但是，如将行之有效的组织发展排除于资产之外，则显然过于荒谬。

第三种观点是反对将**培训**计入无形资产投资。该观点并不否认培训具有价值、能够存续，但是认为培训只是参训员工的资产，而非企业的资产。回顾上一章《国民账户体系》中的投资定义可知，"权属所归"并非界定"投资"的标准，重要的是"谁人受益"。培训确可为参训员工创造价值，企业也只有聘用参训员工方可受益于此。例如，企业资助员工参加会计从业资格认证，所投资的技能属于员工本人，而不是企业。

但是有两个因素能够表明，一部分培训是企业的资产，而不是员工的资产。首先，多数培训只适用于培训企业，对其他企业的效用颇为有限。部分情况是技术原因所致：会计师需参加企业培训，学习其特有流程（企业定制审计软件的使用方法等）。由于员工在工作中通常需要使用企业专有的复杂系统，故而此类培训颇为常见。（用意式咖啡机烹制咖啡是一项可转移技能，但是星巴克咖啡师掌握的多项技能只适用于该企业的操作流程。）

其次，企业可以通过和员工签订协议限制培训成果的转移。通常，企业在为员工支付不菲的课程费用的同时，也会要求员工签订协议，如其规定期限未满离职则需补偿培训费用。部分劳动合同则直接包含竞业禁止条款，因此员工难以（或者说无法）将培训和技能转移给所在企业的竞争对手。

因此，尽管员工并不归企业所有（所幸如此），但部分情况下，培训可被视为，也应被视为企业的资产，而不是参训员工的资产。

无形资产投资测度的挑战

尽管在官方统计中纳入无形资产投资会面临上述重重困难，但是采取这一做法已经是大势所趋。如前文所述，软件、研发和艺术原作已经计入官方统计，而设计也被英国统计机构纳入季度投资调查。尽管表 2.1 所列的其他资产（市场研究、培训、品牌推广等）尚未被正式纳入，但是统计机构已开始试验性地模拟将其纳入后的潜在影响。例如，英国统计局计划采集此类资产数据。同时，官方机构也纷纷开展试验性的研究以加深对无形资产的了解。例如，OECD 已将无形资产视为其创新策略的核心内容，美国总统经济报告也引用了无形资产投资的数据。随着更多类型的无形资产计入投资，更多的概念性问题也会随之而来。

第一个概念性问题在于，企业所获得的部分知识并不是企业投资所得，而是通过其他企业直接获得，即下文将探讨的"外溢"，另一部分知识则为生产活动的副产品，即通过实践产生的知识。此类知识同样对于企业而言颇具价值，但是由于它们不需要企业投入成本，因此并不属于投资。第二个概念性问题在于，经济学家评估物品价值（一部手机、一块冰激凌、旅行社的一款假日游产品等）时通常会参考其市场价格。上文的方法则参考了生产中所投入的成本；如果所估值物品并未上市交易，因而并无市场价格，那么经济学家则只能选择这一方法。但成本核算法也会衍生出一系列的难题。

第一个难题在于，这一方法或会遭此质疑：部分成功产品所创造的收益远高于其生产成本。那么如何保证成本核算法的准确性？答案是，其逻辑只适用于大获成功的投资项目；而在现实中，企业部门和经济体系内的投资项目数量众多、前途未卜，部分项目或许能够大获成功，另一部分则可能落得一败涂地。平均而言，如果成败相抵，那么在整体经济层面，投资的价值应当等于支出的价值。[7]

成本核算法的第二个难题是，有人会质疑工时调整过于主观化，极为不准确。实际上，很多专业服务公司均备有项目记录、收费标准和工作日志，方便员工随时查询。例如，初级咨询师几乎将全部时间用于方案设计，只留极少时间处理管理事宜，而资深咨询师的时间分配则与之全然相反。但是，时间分配问题对于理解组织资本的形成尤为重要。亨利·明茨伯格和瑞法艾拉·萨丹先后对此进行了研究，但除此之外，我们对经理人的工时分配知之不多；并且，这些研究所记录的多是经理人奔忙于各类会议，而并未揭示构建组织资本的相关信息。因此就目前而言，这一领域仍然具有相当程度的不确定性。[8]

我们再接着探讨其余的概念性问题：第三个概念性问题，公共部门也同样投资于无形资产，如购置软件、组织培训、投资营销（犯罪预防类公共信息的宣传等）。实际上，公共部门知识投资的覆盖范围极广：中小学校、高等学府、图书馆。那么其无形资产投资是否包括法治体系、公众信心、央行声誉，乃至博物馆、美术馆和遗址古迹的文化资产？

如想解答这一问题，有必要重温有关 GDP 的两个定义要点。第一个要点是支出应当有（上一年度的）与之对应的生产活动。故而，新建博物馆可计入 GDP，因为此举属于生产活动；而博物馆购得的提香（Titian）经典画作则不应计入 GDP。原因在于，尽管提香画作也是"生产"而来，但其"生产"时间不在上一年度。因此，即便这幅珍品画作可为其所有者带来丰厚的资本利得收益，但该画作并不会计入 GDP 核算。

资本利得并非形成于生产活动，故而不属于生产的范畴，它只是 GDP 从卖家到买家的再次分配。（同理可知，卖房所获资本利得同样也不计入 GDP。因此，伦敦、纽约的 GDP 数据所反映的是这两座城市的产值规模，而不是其高额的资本利得。）

由此可知，很多政府支出可反映学校、医院和警方的生产活动，因此均被计入 GDP。但并非所有的政府支出都可归入此列。同资本利得相似，养老金和社会福利（"转移支付"）也不存在与之对应的生产活动，因此不应计入 GDP 核算。

GDP 的第二个要点在于家庭生产活动不在其统计范围：**自己洗车、洗衣、洗盘子不算生产活动，而花钱雇人洗车、洗衣、洗盘子才能算生产活动**。这一规定可导致一系列离奇情形的出现。萨缪尔森便曾指出：如果一个人同其厨师结婚会导致 GDP 下跌。由于家务时间极难评估，因此并没有纳入 GDP 统计，对于我们个人而言，家庭教育投资极其重要，然而 GDP 核算的是政府教育支出，因此家庭教育支出所形成的"人力资本"并不会计入一国的资本存量。

既然政府支出大多已经纳入 GDP 统计，因此公共部门无形资产投资的研究只需集中于知识投资。公共部门研发投入的规模颇为庞大，这一部分支出已被计入 GDP。扎博（Jarboe）研究了美国的无形资产投资，他所建议的统计范围包括投到统计机构、气象服务、联邦图书馆、非党派报告、审计机构、专利机构中的支出。与之相似，布劳格和莱奇的英国无形资产投资研究提出了类似的建议，他们认为知识投资统计范围应覆盖科研数据、测绘与气象数据、国民经济统计数据、英国公司注册署公布的企业信息、法定登记信息（出生、死亡、婚姻和土地产权等）、知识产权局持有的专利信息。据扎博估算，美国联邦政府 2006 年度的无形资产投资规模为 2 040 亿美元，其中研发支出为 1 220 亿美元，教育和培训支出为 700 亿美元，另外的 120 亿美元则投到统计机构、气象服务和产品安全等领域中。[9]

最后我们要讨论的问题是，生活质量是否应计入 GDP？GDP 测度的是生产，而生活质量取决于消费水平，从这一角度来看，GDP 确实同生活质量存在一定关联，原因在于，如果其他条件相同，生产规模的扩大会带动消费的增长。[10] 与之类似，安全和包容的社会的产出规模往往较大，但安全和包容本身并不是产出，因此不应计入 GDP 的核算。

小结：无形资产投资的测度

本章回顾了随着时间的推移，经济学家们是如何研究测度范围渐广的各类投资的。经济学家在 20 世纪 80 年代提出了一种测度部分无形资产投资，并将其纳入国民经济账户的方法，在此基础上，克拉多、哈尔顿和希克尔在 21 世纪初提出了我们现在采用的无形资产测度方法。本章分析了无形资产投资的测度方法，探讨了几种反对将无形资产投资归为投资的观点，并着重评析了部分具有代表性的质疑声音。尽管这是一个尚存争议的领域，但是无形资产投资的兴起之势已经获得了广泛的认同。但是这一上升趋势真的重要吗？投资的类型是否一定会不断变化？下一章将围绕这些问题展开探讨。

附论：无形资产存量的测度

如果说投资创造资产，那么应如何测算资产价值？这一问题的思路在于，投资是一种流量，而资产则是一种存量。投资规模扩大，则存量价值提高；而折旧又会降低存量的价值。因此，不妨将已测度的**增量**作为投资，再减去价值折旧。那么，如果已知某一时点资产存量的价值，将其同增量相加，即可得到各个时期资产存量的价值。

因此，首先需要了解一年内资产价值的跌幅。初看上去，这是会计中颇为常见的折旧问题：会计师常常需要计算车辆、房屋和机器的"磨损"或"腐蚀"程度；但是对于经济学家而言，折旧还不是全部的答案。经济学家关心的是资产的**价值跌幅**（"经济折旧"）。腐蚀（实体物品质量水平的下降）可导致资产价值下降，优质资产取而代之也可产生同样效果，我们姑且称之为资产**废弃**。例如，由于创意竞争，或员工离职，企业出现部分知识流失的现象，继而其创意的商业价值出现下跌，这便是一种**废弃**的情形。创意的价值不会因"腐蚀"下降，但是会因"废弃"而暴跌。查尔斯·哈尔顿（Charles Hulten）和弗兰克·威科夫（Frank Wyckoff）撰文指出：在这些影响的相互作用下，资产在其存续期内的经济折旧是一个平滑下行的过程，在最开始其价值下跌较为迅速，但此后会日渐趋于缓和。

有形资产的经济折旧大多需要根据工程师、企业提供的资产磨损/腐蚀信息进行测算，无形资产的经济折旧测算需要思考的则是资产废弃问题。通过调查我们可以获得直接的估算数据。以色列统计局开展过相关调查，阿瓦诺团队和英国国家统计局也有此类合作，调查问询内容包括研发投资（以色列调查详细罗列了各行业研发投资的存续时间）和无形资产（除研发之外，英国调查还涉及其他五类资产）的"生命周期"。以色列调查印证了研发创意的存续期为十年左右，但随行业不同而有所不同，英国调查则证实了另几类无形资产的存续期为三年左右。总而言之，研究证据表明，软件、设计、市场营销和培训的经济折旧率较高（约为每年33%），研发的经济折旧率居于中位（约为每年15%），相比之下，休闲娱乐、艺术原作和矿藏勘探的存续期较为长久。

3 4s 效应
百代唱片的 CT 扫描业务

本章将探讨无形资产的独特经济属性——它们也是无形资产密集型经济体系同有形资产密集型经济体系特性各有不同的原因所在。无形资产的特性可归结为 4s 效应：相较于有形资产，无形资产有着较强的扩展性（scalable），其成本较易沦为沉没成本（sunk），较易产生投资外溢（spillover），并且不同无形资产之间易产生协同性（synergy）。

从仓库和码头到矿井和磨坊，从机床再到冷却塔和收银机、服务器和光伏矩阵……投资无时无刻不在变化。前两章讨论了企业投资从有形资产向无形资产的转变，我们为什么需要关注这一趋势？

下文将展示无形资产相较于有形资产的几大不同之处；受此影响，无形资产密集型企业的运行模式同有形资产密集型企业迥然不同，二者在经理人和员工的激励和奖励机制方面也殊为不同。此外，无形资产企业密集的经济体系也有其独特的运行模式。本章将从经济视角探讨无形资产投资的特性及其重要影响。我们将这些特性归纳为 4s 效应：**扩展**

效应、沉没效应、外溢效应和协同效应。

了解无形资产投资的实例有助于我们分析无形资产投资的特性。

伙伴助力百代发展

20 世纪 60 年代中期，甲壳虫乐队不仅在文化领域风光无限，在经济领域也同样势如破竹。其巅峰期的唱片、门票收入如果换算成今天的币值，相当于每秒钟就有 650 美元入账。甲壳虫乐队海外巡演赚取的美元收入据信甚至曾帮助英国政府度过一场汇市危机。

甲壳虫乐队星途闪耀，其唱片公司帕洛风也从中大为受益。帕洛风在 20 世纪 30 年代被电气音乐实业有限公司（Electric & Musical Industries Limited）收入旗下，后者便是鼎鼎大名的"百代音乐集团"（EMI，后来还被性手枪乐队写入歌曲）。截至 1967 年，甲壳虫乐队所创收入占到了百代利润的 30%。

从其全名可以看出，百代不仅是家唱片公司。在 20 世纪 60 年代，除了音乐业务之外，百代对电气业务同样热衷有加。1959 年，百代发布了一款名为"EMIDEC 1100"的商用计算机；此外，百代制造的产品还包括彩色电视摄像机、录制设备，乃至壶具。

"甲壳虫热"让百代赚得盆满钵满。此后，手握重金的百代开始热衷于投资，医疗设备研发是其投资的领域之一。参与缔造"EMIDEC 1100"的研究员戈弗雷·豪恩斯菲尔德（Godfrey Hounsfield）后来又研制出首台商用医疗扫描仪。随着项目的推进，豪恩斯菲尔德还获得了英国政府逾 60 万英镑的资金支持。按 2016 年物价水平计算，其资助金额相当于如今的 700 万英镑。豪恩斯菲尔德和研究团队耗时四年研制出了首部 CT 电子计算机断层扫描仪。

这一发明标志着科学和工程领域的一大非凡成就：医生首次得以对病人的软组织进行精准的三维成像。它也标志着医疗领域的突破性进展，从脑部手术到癌症诊治自此焕然一新。豪恩斯菲尔德也凭此屡获殊荣：折桂诺贝尔奖、受封骑士、入选英国皇家学会。但是这项发明同时也代表了百代在商业领域的一场败绩。

在将基础技术专利商业转化，斥资打造 CT 扫描业务的过程中，百代同医院合作，共同研究如何运用 CT 技术辅助医生诊疗，同时百代也创建了市场团队，将扫描仪产品销往美国。但到了 20 世纪 70 年代，竞争企业开始崛起，并逐渐成了市场的主导力量。通用电气和西门子在获得百代部分技术授权后，迅速地发展出了规模庞大的 CT 扫描业务。1976 年，百代全面退出了 CT 扫描市场。

对于甲壳虫乐迷，或是 CT 扫描患者而言，百代撤离 CT 扫描市场并无明显影响；不过在这一案例中，无形资产投资才是真正的主角。这一案例清晰地展现了各类无形资产投资与实体有形资产投资的一些不同之处。

我们首先来分析甲壳虫乐队的音乐曲库。它为百代创造了丰厚的利润，使其有财力支持 CT 扫描仪的研发。音乐版权是一种无形资产，音乐版权的所有者能以较低的成本大量地发行单曲唱片（在如今的数码音乐时代，这一成本更是几近为零）。

而有形资产（工厂、商店，或电话线）则不存在这一特性：一旦有形资产达到其产能上限，就需要增资打造新的有形资产，而无形资产则不受有形资产规律的制约，无形资产通常可以无限地重复使用，我们可将这一特性称为**扩展效应**。

我们再接着思考百代退出 CT 扫描仪市场时的情形。此时，百代已进行了多项无形资产投资，其中最为显著的是 CT 扫描仪的研发；此外，该企业的无形资产投资还包括同医生共同开发扫描仪用途（根据第 2 章所列的框架体系，我们可称之为"设计"，具体而言是一种"服务设计"），创建业务部门（组织发展），及开拓美国市场（品牌推广和市场营销）。

其中一部分无形资产投资为百代创造了回报——其从通用电气和西门子获得了专利授权费。但是很大一部分无形资产投资最终还是落得有去无回。企业投资创建的销售团队、打造的业务部门或品牌如果最终未获成功，那么相应的资金也通常难以收回。相较而言，有形资产（甚至包括专业化有形资产）的专卖则相对容易很多。我们将无形资产投资的这一特性称为**沉没效应**。

从 CT 扫描仪发展过程中通用电气和西门子所扮演的角色可以看出，无形资产还具有另一显著特征：投资无形资产的个人或企业反而未必可获其益。百代曾资助豪恩斯菲尔德开展研发，联手医院共同设计产品，并且还步履维艰地开拓市场，但是这些投入为企业创造的回报却极为有限，同时反而还帮助竞争对手开拓了大片的市场空间。有形资产投资则不具备这一特性。通用电气员工不可能闯入百代厂房，开工生产自家品牌的 CT 扫描仪，毕竟工厂门锁、警报器以及法律条文均对此行为构成限制。但是其他企业无须太多花费便可利用百代的无形资产投资。用经济学的语言来表述，就是无形资产投资的初始投资人难以从自家投资获益，或者换句话说，就是无形资产投资通常会形成可惠及他人的投资**外溢效应**。

最后，无形资产投资经配置组合后，其价值或可大幅提升。百代的中央研发实验室融汇了计算研究、成像研究和电气工程研究；首批 CT 扫描仪产品最早在伦敦的阿特金森·莫利医院投入试用，百代通过将研发所得各类知识同医生临床医术结合，从而取得了这一突破性成果。

但是，研发所得创意并不是促成这些意外成效的唯一因素。通用电气在 CT 扫描仪领域终获成功的原因在于将该项产品的技术投资同其品牌和客户网络相结合；甲壳虫乐队的成功则离不开埃尔维斯、拉维·香卡等音乐人的新理念同帕洛风公司无形资产（推广和营销能力）的结合。上述案例均表明，无形资产之间可形成规模庞大、难以预知的**协同效应**。[1]

无形资产投资的 4s 效应

毋庸置疑，相较于机器和建筑等有形物品，创意、商脉和技术等无形物品有着根本上的不同之处。

经济学界也深知于此。在 20 世纪，经济学各分支领域的学者都对无形资产种种特性进行了研究。

戴维·沃尔什在其力作《知识与国家财富》(*Knowledge and the Wealth of Nations*) 一书中讲述了保罗·罗默对经济增长理论的发展和完善，罗默将知识（尤其是研发）纳入增长统计，而不是将其视为不可预测的外生变量。罗默、查德·琼斯和菲利普·阿格因等内生增长理论先驱者指出，知识是一种特殊物品，因为将创意付诸实践并不会将其损耗殆尽。研究者们用"非竞争性"一词形容可为多人使用的"知识物品"（创意等），与之相对的是只可供单人使用的"竞争性物品"（三明治等）。我们将这种"非竞争性"表述为"扩展性"。

另一项同期研究则关注于企业的创意外溢。19 世纪末，阿尔弗雷德·马歇尔率先讨论了同行业内的企业间创意外溢。20 世纪 60 年代，诺贝尔经济学奖得主肯·阿罗提出了创意外溢的数学表达，20 年后，保罗·罗默又对该理论进行了扩展。经济学家爱德华·格莱泽在其论文中用"马歇尔 – 阿罗 – 罗默外溢"的概念来表述此类外溢现象，并论证了行业间外溢的重要性。在此之前，兹维·格里利切斯也开展过相关研究工作。

与之相类似，布朗温·霍尔和乔希·勒纳等研究创新企业融资的学者发现：同有形资产投资相比，研发和产品开发等资产难获债务融资。以布赖恩·阿瑟为代表的研究商业流程和创新本质的学者则强调了知识融合的重要性。巴鲁克·列夫等无形资产研究者则探讨了无形资产的外溢。

我们再来更为细致地观察无形资产投资和有形资产投资的不同之处。下节将逐一分析无形资产的四个特性——扩展性、沉没性、外溢性和协同性，并探讨：一、无形资产为何会有这些特性（特别是相较于有形资产）？二、为什么这些特性对整体经济颇为重要？在思考这些问题之前，我们先通过下面的知识框对创意、知识和数据等文献著述引用颇多的概念进行逐一辨析；这些概念相互关联，但其用法各异。在详细讨论无形资产的"4s 效应"之后，我们再来进一步观察无形资产的衍生特性，如不确定性和选择价值。需要说明的是，这些特性并不是我们的研究发现，而是我们对他人研究发现的总结和表述。

有关知识、数据、信息和理念的一些定义

数据、信息和知识看似可以彼此互换。古德里奇和哈斯克尔指出：英国的《数据保护法案》控制着个人信息的使用模式，英国信息专员"倡导个人数据隐私权"，《信息自由法》（Freedom of Information Act）规定，公民可申请获得公共部门所持数据组。罗默对无形资产的探讨使用了"理念"、"蓝图"和"指令"等词语。OECD 则围绕"知识经济"进行了探讨。经济学家们通常会讨论内嵌型知识和非内嵌型知识。与此同时，经济史学家乔尔·莫基尔在讲述工业革命的巨作中将"知识"划分为命题知识和指令知识。那么，它们之间有着怎样的相互联系？

首先来看数据。我们可以将数据分为两种类型：原始数据和转换数据。原始数据指未经清理、格式化或转换处理，尚无法用于分析的数据，包括从网络获得的主体间处理事务所产生的数据、机器或设备内置传感器（"物联网"）采集的数据，或其他企业运营及流程所附带的数据。转换数据则为已经过清理、格式化和／或结构化处理，适于某种数据分析的数据。

再来探讨信息。我们可将其看作转换数据：如防风灯销量和气象活动的可分析数据可以构成信息。卡尔·夏皮罗和哈尔·瓦里安用"信息"指代所有可数字化的物品，这无疑是将信息定义为数字化数据。

我们将知识定义为有据可循的信息间关联所形成的条理化认知。知识无法脱离信息而存在是信息能够得到充分理解和诠释的前提。因此，知识的范畴涵盖了存在于可分析数据构成的信息之中的理论、假说、关联性和因果关系。

乔尔·莫基尔将知识分为"命题知识"和"指令知识"。命题知识包括科学和发现，即有关自然的知识及其特性。指令知识则规定了以生产为导向的行动，如"配方"、"蓝图"或"工艺"。例如，法国人阿佩尔 1806 年所发明的"阿佩尔罐"制作方法（将食品烹制后用瓶罐封装储存）便是发明家们研制的配方，尽管他们对 50 年后巴斯德发现的"微生物可致食品腐败"并无了解。因此，指令知识（而非命题知识）曾经构成了创新的基础。莫基尔认为，偶然性的发现推动了前工业化时代的断续增长，而基于命题知识的发现则驱动着后工业化时代的持续增长。

以大型客机为例，这一有形资产是由金属，及大量的知识（制造流程知识等）所组成的。那么为什么有形资产不能是若干无形资产的组合？我们不妨先来思考"内嵌型知识"和"非内嵌型知识"的概念。生产一架客机需要企业投入有形资产（金属等）和无形资产（软件和设计等）。所制造出的产品是一项有形资产，因为相关的投入和知识都"内嵌"于该物品中。

独立于飞机而存在的软件和设计（代码、蓝图等）则是无形资产，因为它们并没有"内嵌"于客机之中（并可反复用于其他客机）。

知识还可划分为"缄默知识"，及与之对应的"成文知识"；其划分依据是基于经验还是已被正式记录的知识（如蓝图所蕴含的知识）；知识也可划分为应用知识和基础知识，其划分依据是知识是已用于特定实际目标，还是仍然处于理论阶段，尚未付诸实践。最后，"商业转化"知识指的是在特定商业领域得到应用的知识。

扩展效应

无形资产为什么会有扩展性？

有形资产同一时间只能存在于一处，与之形成对比的是，无形资产同一时间可在多处使用。

如果星巴克编撰了一本中文版的操作手册（属于组织发展投资），则全中国1 200多家门店都能使用。手机应用《愤怒的小鸟》（属于软件投资）的下载量极高（目前已超过20亿次），因而降低了这款游戏的开发成本。飞机发动机制造商设计产品（属于研发与设计投资）也只需设计一款方案，其后便可依此方案批量生产。

多种无形资产都具有扩展性：企业只需投入较低成本便可充分利用其生产或购置的无形资产；多数有形资产则无此特性。

知识的扩展性也是几十年来经济学家们研究的一项内容。经济增长理论的领军人物保罗·罗默曾提出口服补液疗法（ORT）的例子。这一简便易行的疗法有效地遏制了第三世界儿童因腹泻致亡的现象，拯救了无数人的生命。口服补液疗法的理念在于，仅仅喝水还不足以解决腹泻问题，除此之外还需摄入钠，以及有助人体吸收钠的糖。

援助组织在防治脱水致亡的过程中需要投资有形物品，但其中多数并无扩展性。安装水泵、挖掘水井，或购置水箱等行为只能满足一定人数的需求，如果超过这一限度则需要追加投资。而口服补液疗法这一理念则可多次、反复地使用。

知识的扩展性是"新增长理论"研究的核心内容。其领军人物罗默和罗伯特·卢卡斯等理论研究者认为，科技并不是一种时隐时现、可提高经济生产率的外生力量，而是一种可在经济各领域创造回报的投资。

从经济角度审视，扩展性衍生自创意的一大重要特征，即经济学家所说的"非竞争性"：一个人喝掉一杯水，另一人就无法喝掉同一杯水，因为水具有竞争性；但如果一个人采用了某一创意，并不会妨碍他人也采用同一创意，其原因在于创意具有非竞争性。非竞争性或许是扩展性的经济原动力，但是为了便于记忆，我们还是使用"扩展性"进行表述。[2]

扩展性可通过网络效应得到极大提高。网络效应指的是资产的规模效应可创造额外价值，这一效应既存在于有形资产中，也同样存在于无形资产中。如果人人使用电脑、电话或传真，则其价值会大为提高。眼下数字技术革命方兴未艾，有形资产的潜在网络效应也备受世人瞩目，手机和网络计算机都是极佳的例子；但是仔细观察我们便可发现，在当前数字技术的浪潮下，无形资产投资形成了大规模的网络效应。

优步的司机网络、爱彼迎的房东网络和 Instagram 的用户网络（属于组织发展投资）都是无形资产，而非有形资产。HTML 语言，以及不计其数的互联网标准（各式各样的软件投资、设计和组织投资）也同属此类。

需要注意的是，在现实中，无形资产通常不能无限地扩展：口服补液的盐糖配比也需要根据脱水程度进行相应调整；麦当劳门店的菜单和食谱也会因国而异，甚至其供应的餐品也迥然不同；软件程序需要定期进行补丁修复和更新升级；多数研发密集型企业也会不断完善设计；培训的扩展性还会受到参训人员劳动工时的限制。

但是就平均而言，无形资产的扩展性显著高于有形资产。

扩展效应为什么重要？

可以预见，如果经济体系中的高扩展性投资较为密集，则可能出现三种特有现象。

首先是涌现出一批大型无形资产密集型企业。星巴克凭借其品牌效应、运营流程和供应网络，得以在全球扩张、遍地开花；谷歌、微软和脸书通过扩展其无形资产组合、软件和声誉，做大了企业规模；相较于昔日的制造业巨头，这些企业的运营只需要少量的有形资产。自不待言，网络效应提高了无形资产的扩展性。[3]

其次，广阔的市场前景会吸引越来越多的企业投身其中，但这些企业需要面临一个两难选择：尽管规模庞大的潜在市场令其跃跃欲试，但颇为激烈的竞争又令其望而却步。20 世纪 90 年代初，经济学家约翰·萨顿曾预测，以扩展性投资（研发和品牌推广等）为主的市场将会出现"产业集中"现象——整个市场为少数几家大型企业所主导。

最后，在手握可扩展资产的企业攻城略地的同时，其竞争对手也会陷入两难境地，一方面，竞争确可为其带来高额的回报。毕竟谷歌在其创立之初，也曾挑战过几家大名鼎鼎的搜索引擎公司，但是另一方面，在可扩展资产型市场中，跟跑企业所得的回报往往微乎其微。如果谷歌提供了最好的搜索算法，并且该算法几乎可以无限扩展，那又何必用雅虎的产品呢？"赢家通吃"往往会成为市场常态。

沉没效应

无形资产为什么会沦为沉没成本？

投资无形资产的企业如果在后期想放弃投资，其通常很难通过出售投资所形成的资产这一方式收回成本——其难度通常高于收回有形资产投资的成本。经济学家将此类不可收回的成本称为"沉没成本"。

假设有一家咖啡连锁企业（姑且称之为"新巴克"）遭遇经营危机，

被迫宣告破产，那么，债务清算人可通过变卖哪些资产来清偿债务呢？

首先要变卖的应是其自有或租赁的门店，由于商业地产市场中交易频繁、房产流动性高，因此找到出价合理的买家并不困难。同样可变卖的物品也包括门店设备、配送车辆和收银机：这些物品都有专门的二手买卖市场。（如引言所言，各式厂房和机械设备，如油轮和隧道掘进机等，均有其专门的交易市场。）

相比之下，新巴克的无形资产相对较难变卖。其品牌价值高低难定，而即便企业的品牌价值不菲，其变现也要通过出售才能实现，企业需要就此进行专门的协商。为了提高服务效率，新巴克编写了操作步骤和流程（包括为其店面布局或餐饮供应而设计的操作步骤和流程），尽管它们对于同业买家而言具有较高的价值，但恐怕难以激发业外企业的购买兴趣。如果新巴克拥有颇具价值的知识产权（已申请专利的咖啡烘焙技术），那么清偿人可将知识产权作价变卖；但是如果相关知识（高效采购咖啡豆的专有技术等）缺乏正式知识产权保护，或者已经为企业员工所掌握（通过培训），那么也同样无法作价出售。

当然，如果企业或项目经营失利，部分有形资产也同样难以变卖。高度专业化的机械设备对于初始所有者来说具有价值，但对于其他企业而言或许只是一堆废铜烂铁。这说明部分成本已成为沉没成本。假设有一家煤矿所处位置较为偏远，产品只能销往当地发电站，一旦后者不再购买其产品，这家煤矿也会变得毫无价值。如果英吉利海峡隧道和东京成田机场终止运营，也绝无可能将其从现址打包迁走。但整体而言，无形资产通常会产生更为严重的成本沉没问题。而有形资产所具有的两种特性使其转卖较为容易，并且通常不会沦为沉没成本。

首先是规模化和标准化。规模化生产的一大好处是能够大批量地复制有形资产。福特厢货车、Windows 服务器和 ISO-668 航运集装箱广为企业所用，因此其转卖较为容易。（公开发布的二手有形资产价格信息也可帮助企业估算物品价格，下文将对此进行探讨。）有形资产的标准化特性也有利于这些物品在企业之间交易流转。得益于通用电源插座和电压标准，一家工厂的机器也同样可在另一家工厂投入使用。就某种程度而言，中型厢货也可流转使用。但是无形资产相关标准的数量远低于有形资产标准，并且多数无形资产也不是量产的结果。

有形资产易于转卖的第二个原因在于，除了投资该项资产的企业之外，其他企业也可将其用于自家业务。企业经营需要使用大量的有形资产（建筑和土地等），而无形资产（专利、构思精妙的操作流程，及品牌等）则往往只适用于开发这一资产的企业。尽管无形资产也存在相应的交易市场（专利交易市场等），但是很多无形资产通常更适用于其初始所有者，对他人的效用颇为有限。

沉没效应为什么重要？

如果投资成本高昂，且难以收回，则其融资也会颇为困难，债务融资更是如此。银行机构之所以对抵押贷款情有独钟，原因在于其贷出款项能以高价值的不动产为担保；一旦借款方违约，银行即可将抵押的不动产没收、出售。

另一方面，无形资产密集型企业一旦出现经营不善的情形，银行也会蒙受损失。首先，能否没收这些资产？在部分情况下，无形资产（已为员工所掌握的知识和技术等）可能会顷刻间付诸东流。（其原因在于产权保护缺位导致成本外溢。下文将对此进行探讨。）

其次，这些资产能否变卖？不大可能，这也是无形资产的沉没性使然。由于无形资产仅适用于特定场景，因而难以形成类似房产市场的交易市场。既然不存在相关无形资产交易市场，也就只能通过其他途径估算其价值，这又谈何容易。专利估值究竟应该依据其研发的成本高低

（如采用这一方法，需要确保能够准确地分摊成本），还是专业估价师的估算数据（需要承担估价费用，况且其结果也未必准确）？又或者它的预期回报（能否相信借款方提供的预期回报）？

由此也不难理解，小企业贷款（尤其是在英国和美国）通常会以企业经理人的房产为担保，从而将流程复杂的无形资产贷款简化成一种简单的抵押贷款。

沉没性也是导致无形资产具有不确定性的一个因素。无形资产的沉没性可部分归因于其适用范围通常仅限特定场景：或是某一行业、某一供应商的专有供应链，或是某一领域中产品质量的声誉。这些因素均加大了无形资产估值的难度，因为资产沉没阻断了交易市场的产生，而交易市场的缺位又导致了资产价值难以评估。

无形资产投资的沉没性还可能会对企业的运营造成影响。心理学家早已发现：人们往往会过分重视沉没成本，不愿将其放弃。麦肯锡公司[4]曾指出，尽管举办 1986 年温哥华世博会的成本从起初 1978 年的 7 800 万加元飙升了二十倍，但主办方仍一再拒绝取消该项目。"沉没成本谬误"如果同其他类型的认知偏误（确认偏误等）叠加，则会导致决策谬以千里，在这一案例中，表现为主办方预估的参观者数量远高于实际水平。

可以预见的是，如果企业的无形资产投资规模较为庞大（投资研发和设立新部门等），并且沉没成本高昂，那么企业的经理人也往往会对其估值过高，不愿任之付诸东流。如果这一情形日趋普遍，则会产生令人担忧的心理变化：即便放弃不良投资更有利企业发展，但沉没成本谬误会促使更多企业犹豫不决。再者，由于多数无形资产并无相应交易市场，因而经理人无法从外部获知资产的真实价值。这会导致企业在短期内盲目乐观，继而导致投资过度、泡沫频生。

无形资产投资的沉没特性不仅会导致泡沫的膨胀，它在泡沫破裂之时也会加剧企业的痛楚。我们知道，一旦市场崩溃，各家企业都急于抛售资产，因此会以极低价格变卖资产。如果待售资产（房产或光纤电缆等）也同样可为其他企业所用，那么即便资产价格出现暴跌，也至少会留有一定的残余价值；但是如果泡沫资产已经沦为沉没成本，并且仅可为其投资企业所用，那么一旦泡沫破裂，该项资产也极有可能落得价值尽失。

　　既然如此，企业当初为什么还会投资无形资产？首先，部分投资可产生足以抵偿所有风险的高额回报。其次，尽管相较于拥有二手市场的有形资产，无形资产较难收回成本，但企业有可能会从中获得其他超出市场的效益。例如，如果企业通过投资知识获得的信息可以消解其面临的不确定性，那么即便该投资无法直接创造可售资产，其仍然可以为企业带来其他方面的回报。很多企业会同时开展多个研究项目，即便其中某项研究未能直接形成可售资产，但从中汲取的经验教训仍可帮助企业在另一个项目上避开弯路、获得成功。因此，无形资产投资的高额回报还体现在可为企业提供有价值的信息，使其了解眼下的机遇，即所谓的"选择价值"，我们将其视为一种由资产的不可逆性/沉没性衍生而来的特性。参见下文围绕无形资产的衍生特性展开的讨论。[5]

外溢效应

无形资产投资为什么会产生外溢？

　　一部分无形资产投资能够产生极大规模的外溢。换言之，企业能够轻而易举地利用他人的无形资产投资。

　　研发便是一个极具代表性的案例：如果没有专利或版权等法律约

束，照抄他人创意可以说是轻而易举的事情。用经济学家的语言表述，研发创造的创意是非竞争品：一人运用知识并不会妨碍他人运用同样的知识。正如美国第三任总统托马斯·杰斐逊所言："得我理念者，于其有得而于我无失；借我烛火者，于其有明而于我无暗。"[6]

创意还具有一定"非排他性"：除非采取保密措施，或诉诸法律手段（专利保护等），通常情况下人们很难阻止自家创意为人所用。非竞争性和非排他性的投资不仅可为投资企业带来回报，同时还可惠及其他企业。创意和口服补液疗法都是极好的例证。

然而，并不是只有研发能够形成外溢。苹果公司的 iPhone 一经面世，其外观设计便遭其他厂商争相模仿；此外，竞争企业还沿用，或效仿了苹果公司的软件投资、设计投资和供应链投资（"应用商店"便是苹果公司打造的软件供应链）。用营销专业用语表述，苹果创造了智能手机这一"品类"（准确地说，苹果的作用在于发展了这一品类），而这不仅使苹果公司从中获利颇丰，同时也惠及其他智能手机厂商。

iPhone 的案例中还存在营销外溢的情况。该产品之所以大获成功，部分原因可归结为苹果公司不遗余力地进行品牌推广。在此之前，智能手机往往造型笨重，而苹果则凭借其手机外观时尚、易于上手而声誉卓著。苹果公司通过打造新品类获益颇丰（iPhone 为苹果创造了66% 的利润），而三星、HTC、谷歌等竞争对手也借此推出了盈利丰厚的智能手机业务。

相较而言，组织设计外溢、培训外溢、品宣与营销外溢的案例并没有那么显著。咨询服务商麦肯锡曾于 20 世纪五六十年代率先探索试行了一种新的企业咨询服务模式，而这究其本质属于组织创新。

早期的管理咨询企业通常聘用资深人士为企业提供管理咨询服务，而麦肯锡则敢于打破陈规、大胆任用顶级商学院的毕业生，将他们分入多个小而专的团队进行协同工作。这些团队通过运用可复制的方法体系将问题拆解为多个环节，从而使得这些聪慧勤奋，但经验不足的咨询师彼此协作，共同解决复杂的商业问题。积极的绩效管理文化和不拘一格的人才提拔机制吸引了满怀抱负的年轻人，同时也激励着他们渴望成功、不断进取，并以极高的效率投入工作之中。

其他企业由此纷纷效仿，如今这一整套组织创新模式已成为管理咨询行业的常规模式；实际上，麦肯锡的模式借鉴了法律行业的一些做法（麦肯锡的一位管理合伙人曾是律师）。

最后，如果参训员工转投其他企业，其培训所得又可惠及新东家，则会产生企业培训外溢。

需要指出，有形资产也同样可以形成外溢：如果企业投资修建的货运线铁路连通港口，则港口的所有者也能够从中受益，毕竟相较于交通不便的港口，四通八达的港口可发挥更大的作用、赚取更高的收益。如果一家人气颇高的百货公司开设了新的门店，那么它所吸引的来往客流也同样可惠及商场里的其他商户。

但由于有形资产具有实体性，因此能够很好地化解排他性问题：巴士运输企业无须担心竞争对手溜进自家的车库，开走自家的巴士，因为每部车辆都配有钥匙和门锁，车库也配备有报警器；再者，发展了数百年的财产法也可保障企业的权利。

或许有人会认为，有效地确立产权便可杜绝外溢现象。然而，尽管几个世纪以来人们一直尝试于此，但是将其付诸实践颇为困难。

我们再回过来探讨巴士企业的案例，借此解释无形资产的争议性。这一案例说明了企业能够轻易地获取有形资产的效益，但是我们也有意地隐藏了一个信息——巴士企业位于哪个国家。发达国家的巴士企业断然不会随意外借车辆，但是在其他地方就未必如此了。

2014年，一则新闻报道让全世界为之骇然：墨西哥格雷罗州的几十名学生被绑架，并惨遭杀害。除了犯罪组织之外，部分警员也涉嫌参与其中。该案件有这样一个细节：凶犯们绑架的学生当时正坐在他们强征来的巴士上前往墨西哥城参加抗议集会。显然在墨西哥，人们对于强征巴士已习以为常，连巴士营运企业和司机也自有应对之道。

违背他人意愿、强行征用其贵重物品（巴士等）的行为在发达国家较为少见，此举为社会规则和法律所不容，故而鲜有发生。考虑到格雷罗绑架案的事发地点便可发现，权属问题同所处社会环境息息相关。但相较于有形资产，无形资产的权属规则和控制规则极具争议，即便在发达国家也同样如此。整体而言，相较于农田地契、航运集装箱或计算机的权属，专利和版权的权属并不稳固，常常会成为各方争夺的对象。

历史因素是导致这一现象的一个重要原因。大约在 4000 年前，在今天的伊拉克南部，一位抄书吏在一块泥板上刻撰出一行行文字。几百年来，古美索不达米亚人用泥板记录清单和传说等等诸多内容。但是这块泥板有些与众不同：它所记载的是苏美尔和阿卡德之王乌尔纳姆（Ur-Nammu）颁布的法律条文，其便是现存的最早法典。它值得我们关注的地方在于，除了古代法典常见规定（谋杀、残害、通奸的相关法律条款等）之外，这部法典还多次提及财产，并记录了人们拥有的土地、白银、粮食、其他物品及奴隶的情况。

换言之，早在规定最初出现之时，人类便已规定了有形物品的权属。《乌尔纳姆法典》颁布至今已有四千年之久，在此漫长岁月之中，人类社会有充分时间去思考有形物品权属的意义，以及破解相关难题的方法。

这一过程从智力角度审视已属不易，从政治角度来看也同样颇为困难：其破解不仅依赖于脑力工作，还依赖于耗费时日的社会冲突和社会性冲突。人是否能被视为私产？这一问题触发了美国内战，导致六七十万士兵殒命沙场；拥有财产是否等同于盗窃？围绕于此的纷争曾一度将世界置于濒临核毁灭的边缘。但随着时代的发展，人们对物品权属的认知也随之发展、日趋明晰，在法制体系稳固的发达国家中更是如此。

相比之下，最早规定无形资产权属的法律问世的时间尚有争议：有人认为最早的当属威尼斯在中世纪末颁布的玻璃制作工艺法律，也有人认为应追溯至16世纪法英两国授予的工艺技术专利权。但无论哪部可堪此名，其问世时间都比《乌尔纳姆法典》要晚数千年之久。

经济史学家佐里娜·卡恩在其著作中指出，此后无形财产法律又经历了缓慢的演进。英国早期的垄断企业当中，部分企业拥有新兴技术，而部分企业则享有贸易权（销售食盐等产品）。随着垄断企业日渐对新创意形成制约，立法者们开始系统地构思更为合理的专利版权法律。

到了18世纪，英国的专利内容变得更为细致。政府为已经出版的流程说明书授予专利，而不是直接为某项发明（蒸汽动力机器等）授予专利；与此同时，1709年，《安妮女王法令》的出台，标志着英国版权法律的开端。

美国早在其建国伊始就对知识产权颇为重视。美国宪法中包含了一个涉及专利和版权的条款。[7] 与同时代的英国和法国相比，美国知识产权体系在其构建伊始就更为简明、合理，申请成本也极为低廉。

在后来的发展过程中，各国开始对专利和版权体系进行调整，意在鼓励发明创造。到了19世纪，商标逐渐为多国法律认可，这为品宣资产和营销资产的理念奠定了法律基础。

20世纪20年代，美国作家埃德加·赖斯·巴勒斯为其小说形象"人猿泰山"进行了商标注册和版权登记。创意无形财产和商业无形财产的融合推动了现今时代多媒介授权品的极大发展，从《星球大战》主题餐盒到《冰雪奇缘》艾尔莎公主裙，可谓琳琅满目。当然，无形财产问题至今仍然争议重重：由于中美两国在盗版问题和公平使用方面仍然存有争议，国际贸易谈判因而陷于停滞；尽管专利投机行为仍具争议，然而在美国得克萨斯州东区法院，专利投机者们依然大行其道；企业扩大知识产权保护范围的行为也同样引起了争论，例如，在 2015 年，拖拉机制造商约翰迪尔援引美国《千禧年数字版权法》（*Digital Millennium Copyright Act*）规定，声称顾客无权自行修理所购产品。

在约定规范、规则的漫长过程中，有形财产规范、规则的约定比无形财产的早了 3 500 年，如果无形资产规范、规则的发展也会经历同样的过程，这意味着人们还需要 3 500 年的时间来解决其中的技术细节和伦理问题，围绕这些问题展开论辩也意味着人们会面临更多的不确定性。因此，无形资产投资的外溢性体现于两个层面：一方面，外溢是知识资产的固有特征，原因在于知识本身所具有的非竞争性；另一方面，历史因素导致了有形资产投资和无形资产投资的外溢规模各不相同。发达国家有着更为完善的有形资产权属制度，这可以部分归因于历史因素及其发展模式的影响。

外溢为什么重要？

外溢之所以重要，原因有三点：第一，如果企业无法确知能否通过投资获益，就有可能采取削减投资的策略；第二，外溢管理备受重视，企业如果能够充分利用自家的无形资产投资，或特别善于吸纳其他企业的无形资产投资，就能够借此获得良好发展；第三，外溢还会对现今世界的经济版图产生影响。

政府投资是破解外溢难题的一大良策。如果企业无法充分利用其无形资产投资（特别是研发投资），政府则应当涉足其中，或直接资助研究（大学或政府实验室研究等），或支持企业研究。实际上，政府的这类投资非常频繁。美国 30% 的研发经费源于政府资助。公共研发对基础研究和新兴领域的发展起到了尤为重要的作用（20世纪50年代，美国军方推动了半导体行业的发展）。

由于企业通常会追求无形资产投资价值的最大化，故而外溢还会影响企业个体的行为。实际上，为了实现投资外溢的最小化、投资收益的最大化，无形资产密集型企业会将配置、管理无形资产作为它们的重要战略。

企业都会不遗余力地防范自家无形资产惠及他人；对此，素有硅谷"PayPal黑手党大佬"之称的风险投资人彼得·蒂尔极为坦诚。蒂尔的著作《从0到1》令人耳目一新，他在该书中直言不讳地表示，打造高价值的初创企业就是在大型市场尽己所能地打造拥有垄断地位的企业。

依照蒂尔的管理哲学，企业可以投资打造可相互协同的软件、营销，及顾客网络和供应商网络（三种具有代表性的无形资产），并通过难以复制的模式将其加以组合，这一策略可为企业创造排他性的机遇。

再者，对于企业来说获取其他企业的无形资产投资外溢的重要程度不亚于实现自家无形资产投资效益的最大化。如果所在行业投资外溢的规模较大，则更加需要企业掌握商脉资源，了解行业动态，促成彼此协作，寻求他人帮助，协调伙伴关系。毕竟获得其他企业的投资外溢如同享用免费午餐。

企业如想防范知识外溢，最直截了当的方法就是诉诸法律。瓦特和莱特兄弟对专利权的行使颇为热衷，并借此对他人的蒸汽机、飞行器研究大加干涉，这一做法也使他们饱受世人诟病。专利投机可以说是完全借此谋利：专利投机者先买入专利（卖家往往是破产企业），其后开始四下寻找潜在的受益方，并对其提起诉讼。专利投机行为固然应受谴责，但是此举本身实际是无形资产外溢特性的直接后果。

如果法律体系力度较弱，企业会开展游说、推动法律修订。"米老鼠曲线"是版权律师们时有谈及的话题：由于美国法定的版权保护期一再延长，迪士尼的"米老鼠"这一招牌卡通形象得以迟迟未进入公有领域。在迪士尼创作米老鼠形象之时，其版权原本应于 1984 年到期，但是在 1976 年和 1998 年经历了两次立法修正后，米老鼠的法定版权期延长到了 2023 年，其间又会出台什么样的法律就不得而知了。

专利投机者和版权诉讼因其新闻价值颇受媒体青睐，故而备受关注；实际上，其他获取无形资产投资外溢的方法更为普遍，并已成了商业生活的内在肌理：这些方法以互惠互利为目的，并且不会采取强迫挟制或法律威胁的手段。例如，在线代码托管网站（GitHub 等）是软件开发者分享代码的平台，对于部分狂热的开发者而言，参与其中所获得的满足感不亚于被授予荣誉勋章。一些企业也会联手打造专利池，它们意识到彼此之间的技术投资外溢极具价值，而通过法律手段保护自家专利权也不是明智的做法。［在 20 世纪的最初十年，莱特兄弟同柯蒂斯飞机与发动机公司 (Curtiss Aeroplane and Motor Company) 之间的专利之争阻碍了美国飞行器行业的发展；后来美国政府介入，促使双方共同建立了专利池——美国飞机制造商协会 (Manufacturers Aircraft Association)。］

最后，人们可通过采取不同形态的组织模式获取外溢的效益。城市便是其中一种较为显著的形态。城市经济学领军学者爱德华·格莱泽曾指出城市化过程中的一个谜题：人们变得更加愿意负担高额房租，以与其他同样承担高额房租者比邻而居。毕竟，在现今世界中，人际联系更为密切，比邻而居的重要性也随之降低，因此上述现象令人尤为费解。对此问题，一种解释是城市居住的外溢变得更高。毫无疑问，随着交通拥堵、物价高企和空气污染等**不利因素**日渐加剧，也必然存在某些有利因素与之抵偿，而更多的交流、协作则为这些有利因素的出现创造了条件。

由此可知，在无形资产密集的经济体系下，可将外溢为己所用变得极为重要，因此企业和个人需要掌握一系列的技能，例如有助于理解无形资产的技术技能（科学知识和工程知识等），部分情形下需要法律技能、促成交易的技能，乃至领导力和商脉拓展等软性技能。同时，城市聚居规模的扩大也有利于外溢的充分利用。第 5 章将探讨这些技能会对不平等产生怎样的影响。

协同效应

无形资产为什么会形成协同效应？

创意和创意的结合往往会创造良好的效益，这一现象在科技领域尤为显著。

以微波炉为例。"二战"后期，美国防务承包商雷神公司正马力全开地赶制多腔磁控管（英国人在"二战"早期研制而成的真空电子管，它也是雷达防御系统的重要部分）。在此过程中，雷神公司的工程师珀西·斯宾塞发现：磁控管微波在金属盒内产生的电磁场可用于加热食品。

这项技术的发展颇为迅速，短短几年后，纽约大中央车站便出现了售卖热狗的"快餐小子"微波快餐售卖机。几家企业都推出了家用微波炉产品，但市场反应平平。到了 20 世纪 60 年代，雷神公司收购了白色电器制造商阿玛纳，并将自家微波炉技术同阿玛纳厨用家电知识相结合，从而研制出了一款微波炉，该产品大获成功。与此同时，另一家防务承包商利顿设计出了现代微波炉的样式，并对磁控管进行了改良调整，从而提高了产品的安全性。

1970 年，微波炉卖出了 4 万台，到了 1975 年，其销量已达到百万台之巨。微波炉的问世得益于创意和创新的日积月累。磁控管本身对顾客并无太大用处，但其同研发、利顿和阿玛纳的设计及营销理念相结合，催生了20世纪后期的一大标志性创新。

微波炉的发展历程全然代表了新技术的演进模式。美国圣菲研究所（Santa Fe Institute）研究员布赖恩·阿瑟在其令人回味的著作《技术的本质》一书中提出：技术创新具有"组合性"，言下之意就是，所有的新技术均是在现有技术基础上构建而成的。用阿瑟的话说："任何一项技术都伫立于一座金字塔之上，这座金字塔由实现该技术的其他技术结合而成，沿此而行可溯及人类最早发现的现象。"

科学作家马特·里德利进一步发展了这一观点，他强调了创意的演进性："交流之于文化的演进正如同性爱之于生物的演进。"里德利认为创新是"创意交合"的结果。

从另一个角度看，无形资产（创意，如研发产出、新的设计、新的企业结构模式，或新的产品营销策略）之间具有协同效应；无形资产经组合配置后可形成更高价值。毫无疑问，有形资产也同样存在协同效应，如巴士和车站之间的协同，电力供应和音箱之间的协同，及计算机和打印机之间的协同；但由于创意的相互作用范围更广，其组合也不会造成彼此的损耗，因此其潜在的协同规模远高于有形资产。

从微波炉的案例中我们还可以看到创意协同的其他特点：难以预测、跨界而存。在这一案例中，军用信息技术催生了厨用电器。这一扩展适应现象在创意领域颇为常见，因而人们难以预知无形资产的协同将会在何处形成。

无形资产投资也会同有形资产投资形成协同效应，这一现象在信息技术领域（尤其在计算机和智能手机领域）尤为显著。美国零售巨头沃尔玛曾于20世纪90年代助力该国经济扭转颓势，这一案例颇为鲜明。早在20世纪80年代，美国经济的实际生产率增长一度停滞不前，各方担忧经济或已进入"新常态"（new normal），生产率增长恐难恢复先前水平。但是到了 20 世纪 90 年代，美国经济生产率再度呈现上升势头。2000 年，麦肯锡全球研究院分析了美国生产率增长的驱动因素。与直观感受相悖，研究者们发现，美国生产率增长主要得益于以沃尔玛为代表的大型连锁零售商通过使用计算机和软件重组供应链，从而提高了运营效率、降低了商品价格。从某种意义上说，这是一场发端于非科技行业的科技革命，其增长得益于组织实践和企业实践的变革。换言之，沃尔玛在投资计算机设备的同时，还投资于流程和供应链，其结果便是两类投资充分发挥了其作用，并形成了大规模的协同。

麻省理工学院经济学家、数字经济权威埃里克·布莱恩约弗森详细记述了无形资产投资和有形资产投资之间的协同。其研究表明，组织投资和技术投资高度互补，换言之，投资新软件的企业也会投资组织发展。尼古拉斯·布鲁姆、拉法艾拉·萨顿和约翰·范·里宁研究了投资 IT 的美国企业和欧洲企业，并对其生产率进行了对比。他们发现：计算机投资并未给欧洲企业带来同等规模的效益，原因是欧洲企业无意或无力于改变组织实践和管理实践。

IT 和无形资产之间的协同体现在几个方面。首先，计算机硬件同软件类无形资产存在直接、细微的协同。这正是软件的价值所在。换言之，只有将有效的**无形**信息输入计算机之后，其才能发挥效用。

计算机和计算机网络作为信息处理工具，还可降低投资其他无形资产的难度，并提高其有效性。以共享经济巨头优步和爱彼迎的供应方网络为例。两家企业的商业模式对计算机和互联网并不存在绝对的依赖。早在智能手机普及之前，网络化出租车企业便已存在，其中部分企业（伦敦的 ComCab 和 Radio Taxi 等）雇用独立司机开展运营；而在爱彼迎问世之前，共享住宿俱乐部的模式已经存在，这类企业通过图册展示进行推广营销活动，并通过电话系统提供房间预订服务。共享住宿俱乐部及出租车网络公司也同样投入了时间和资金发展它们的供应方网络。

但是互联网和智能手机的出现降低了企业构建大型网络的成本，并（通过用户评分和搜索可见度）提高了入网者的在网价值。这一案例同样展示了可处理信息、构建网络的 IT 技术同无形资产投资（主要是信息和对接的投资）之间形成的大规模协同效应。

因此，无形资产投资之间存在着协同效应，无论是创意投资（创意的结合往往可形成新的创意）还是新结构投资（同新科技具有互补性）都同样如此。再者，无形资产的组合配置往往难以预料，也难以规划：机缘和偶然的作用颇为关键。

无形资产的协同效应为什么重要？

如果说无形资产的外溢性会促使企业极力避免投资外溢，或最多推动企业在自利前提下进行分享，那么无形资产的协同性则会产生截然相反的效果。

如果创意的结合可推动其增值，其必然会推动人们尽可能地去了解他人的创意。开放式创新日趋兴起便是一种体现。

开放式创新最为简单的形态表现为企业有意地从外界搜罗新的创意，并从中获益。开放式创新绝不是在大型企业研发实验室里闭门造车、酝酿创意，而是通过种种途径从外部获得创意，如收购初创公司，与学界合作，或同其他企业联合经营等等。

在 21 世纪的最初十年中，"开放式创新"一跃成为管理学热词，亨利·切斯布罗撰写的同名管理学畅销著作使这一概念广为人知。但学界的相关研究实际可以追溯至 20 世纪 70 年代，企业的开放式创新实践更是远早于此。

牛津大学教授罗伯特·艾伦研究了 19 世纪工业高炉设计的案例，并引用、分析了翔实的同期资料。高度和温度是决定高炉效能的两大关键因素，但由于受所处时代物理学发展水平所限，当时的工程师们还无法推算出高炉的最优设计。那么，他们又是如何设计的？彼时，英国各地企业家试验性地建造出了数目众多的高炉，其炉体高低不同、温度各异。地方性和全国性的协会交换了各自掌握的信息，参与机构包括克利夫兰郡工程师学会、南威尔士工程师学会、机械工程师学会以及1869年创建的钢铁协会。那么此举成效如何？如艾伦所言，这一"开放"式创新在行业内掀起了一场变革。

从1850年至1875年，英国克利夫兰地区的高炉修造标准出现了若干重要的变化。最显著的一点是炉高从之前的50英尺[①]增至不低于80英尺，炉温从600华氏度[②]增至1 400华氏度[③]。这些改良措施降低了生铁制造对燃料的需求，于是钢企纷纷淘汰了炉身较矮、炉温较低的旧式高炉，开始建造、使用新式高炉。

如今，围绕开放式创新的评价几乎上升到了道德的层面：它被认为能够促进知识分享、促成合作，甚至尽显谦谦君子之风。开放式创新的这一道德属性正是源于无形资产投资的协同性，该特性使得创意的分享成了互惠互利之举。（从某种意义上说，开放式创新也是企业寻求获取其他企业投资外溢的自利行为，但这一点往往较少谈及。）

尤为值得关注之处在于，创意协同和投资外溢之间的矛盾将无形资产密集型企业置于两难困境之中：如果企业选择同外界隔绝、诉诸强有力的知识产权法律，确可防范自家无形资产的外溢，但自我隔绝又会抑制同他人创意（多数创意来源于此）的协同，因此无异于自绝后路、故步自封。用比尔·乔伊的话说："不管你是谁，大多数的聪明人都在给别人工作。"

---

① 1英尺 ≈ 0.304 8米。——编者注
② 600华氏度 ≈ 315.56摄氏度。——编者注
③ 1 400华氏度 =760摄氏度。——编者注

在国家经济和地区经济层面，无形资产的协同也同样重要。假如一家企业的研究，或流程创新可因其他企业的协同创意增值，那么经济体系就能步入良性循环，否则将会陷入恶性循环。对于某一企业而言，如果其他企业都在投资研发，并且这些研发可令其投资增值，那么该企业投资研发也符合自身利益，而如果其他企业并未投资研发，那么对于该企业而言，单枪匹马地投资研发并不划算。

技术互补是经济学家加里·皮萨诺和威利·史提出的"产业共享"理念的核心内容。他们认为，美国制造业失去了打造共享知识库所需要的专业技能及基础性的工业流程研究，这也是其发展乏力的原因所在。

创意间的协同还存在机缘偶然和统筹协调的矛盾。一方面，由于创意的有效组合模式多种多样，因此难以统一规划。科技新特性普遍来源于偶然的发现，例如，根据磁控管的特性研制出微波炉。

按照这一逻辑，如果想加大有效的创意投资，应当充分地鼓励"跨界交流"，促成各行业、各地区人士齐聚一地、自在地进行交流，在公共空间众多、交流机会充足，且适宜步行的大型城市，这种类型的社会交流颇为频繁。

另一方面，在特定的某个领域开展持续的研究也颇为重要。至少有部分的创意协同在特定领域颇为有效。微波炉的成功固然可归因于从军事通信到厨用电器的跨越式发展，但同样也离不开阿玛纳、利顿及一些日本企业的功劳：这些企业投入了大量人力研究、设计产品，并对磁控管技术进行了改良。

部分情况下，此类统筹协调属于自发的行为，但也存在其他因素推动的情形。例如，专项奖励可帮助备受忽视的领域吸纳投资，如18世纪英国设立的"经度奖"（Longitude Prize），及21世纪私营太空领域的安萨里X大奖（Ansari-X Prize）。毋庸置疑，科技媒体之所以炒作新科技（物联网和太阳能等），原因不仅在于科技媒体热衷于报道激动人心的新闻，还在于科技媒体也兼具引导人们关注新兴领域、促进协同投资的功能。称其"炒作"或许并不恰当，但是科技媒体确实可促进统筹协同，这一点颇为重要。

最后，企业还可以将无形资产的协同作为一种重要的竞争策略。以肾上腺素注射笔（EpiPen）为例。肾上腺素注射笔可用来注射肾上腺素（产品因此而得名），从而救治过敏性休克患者。该产品之所以能在市场上大获成功，既非企业申请了肾上腺素专利保护（已进入公有领域），也非产品设计不可复制（一些竞争对手已设计出了其他款式的注射器，部分竞品的性能甚至更加优异），而是得益于该企业的无形资产组合：品名品牌、产品设计、其使用方法已经被急救人员普遍掌握。（第4章将对此进行详细讨论。）

无形资产的协同不仅可使企业在竞争中获得有利位置，还能够影响企业和人才间的动态关系。例如，苹果公司素以设计而闻名，并依托设计而发展。从经济角度而言，该公司的资深设计人员本可以转投竞争对手，或创办设计公司，从而获得更高薪酬，又是什么原因促使他们放弃加薪诉求，甘于留在苹果公司？

协同效应是其中的一个原因。苹果的设计只有置于其无形资产体系（技术、用户服务、品牌影响和营销渠道）中才可大幅增值，苹果公司的设计师如转投其他企业则无法创造同等价值，因此他们缺乏离职的意愿。

因此，协同效应的重要性在于可推动企业和政府对各类无形资产（尤其是新创意）进行组合配置。就此而言，协同和外溢的作用恰恰相反：前者鼓励开放和分享，而非据为己用。协同效应的重要性还体现在，企业如想确保其投资的无形资产免受竞争威胁，除了对其加以保护之外，还可选择另一途径——打造协同性无形资产集群。

无形资产 4s 特性的衍生特性

如前文所言，相较于有形资产投资，无形资产投资有若干不同之处：后者具有更强的扩展性，可产生沉没成本，可形成投资外溢，并且相互之间可产生协同效应。

无形资产的特性结合后又衍生出了另外两个更为普遍的特性——**不确定性**和**争议性**。在本章行将结束之际，我们来探讨一下这两种特性。

无论是有形资产投资还是无形资产投资，任何投资都具有未知性，企业无法预知投资的回报。上文探讨的 4s 特性决定了无形资产投资通常具有较高的不确定性。首先，无形资产投资由于具有**沉没效应**，一旦投资失败会导致价值的下跌，仅仅变卖资产往往难以收回成本；其次，无形资产的潜在优势更为显著，因为无形资产更易**扩展**（小投入、大回报）、更易**协同**（直接带来增值）。因此，如果企业经营不善，就会导致无形资产的大幅贬值，而如果企业运营良好，则会推动无形资产的大幅增值。

但是，这并不仅代表着资产价值的分布由密集变得稀疏。无形资产投资的外溢趋向还导致未来回报的预估极为困难。此外，由于多种无形资产并无相应交易市场（这也是导致无形资产沦为**沉没成本**的一个因素），因而难以形成合理的估值。

如果其他条件相同，那么不难预见，在无形资产密集型经济体系下企业将面临更大的不确定性，其中部分不确定性体现为无形资产型企业的投资被赋予了**选择价值**。假设一家企业分阶段地投入了一笔无形资产投资，并且该投资已沦为沉没资产。在每一个阶段企业都能够获得新的信息（投资项目的可行性等）。这一信息对企业颇为重要，尤其如果当企业的支出已经沦为沉没成本，其重要性更是不言而喻。故而无形资产投资通常具有选择价值（参见上文讨论）。

无形资产往往还具有**争议性**。个人和企业之所以会竞逐无形资产的控制权、所有权，或寻求从中获益，其部分原因可归结为无形资产可形成投资**外溢**。如前文所言，企业常常坐收其他企业无形资产投资之利，部分情况下这种行为可带来双赢结果（企业推行开放式创新等），而有些情况下则不尽然（谷歌开发安卓系统曾令苹果的史蒂夫·乔布斯大为光火）。

无形资产的**协同效应**还会导致其**争议性**加剧。无形资产经配置组合后可大幅增值，那么可牵线搭桥、协助对接的人脉通达者和知识广博者也会变得更有影响力。第 5 章将会再度探讨这一问题。

如果无形资产投资的权属规定模棱两可，则会导致其争议性加剧：相较于有形资产，无形资产的权属既不稳固，也不明晰，这也是企业专利纷争频频出现的原因所在。

小结：无形资产的 4s 效应

无形资产具有 4 种独特的经济特性。尽管这些特性在有形资产中也同样存在，但是整体而言它们在无形资产中的体现更为显著。这些特性是：

·扩展效应

·沉没效应

·外溢效应

·协同效应

无形资产的这 4 种特性又衍生出了另外 3 种特性，即不确定性、选择价值和争议性。随着经济体系中无形资产的密集程度不断提升，这些特性将会产生怎样的影响？本书后面的篇章将围绕这一问题展开探讨。

第二部分 无形经济的影响力

4 测度不当与投资外溢
长期停滞的谜题

本章将探讨无形资产对长期经济停滞的影响，以及近年主要经济体出现的投资规模和生产率增长放缓的谜题。我们认为，在这一令人忧心的现象背后，无形资产投资的重要性日益提升是一个重要的致因。

长期停滞是当前最为令人不安，也是引发最多热议的一大经济趋势：企业投资持续低迷，其中原因却并不明晰。围绕企业投资问题，人们提出了各式各样的解释：从货币政策的缺陷，到科技发展的放缓。

从本章开始，我们将连续探讨无形资产投资的兴起所带来的影响。我们认为，长期停滞的谜题至少可部分归因于企业的投资日渐趋向于无形资产。此外，我们将依据第3章讨论的无形资产四大特征进行论证。无形资产具有扩展性，因此导致领先企业和落后企业之间差距加大，此外，无形资产未被计量也造成了高生产率和高利润率的表象。再者，无形资产投资的放缓导致投资外溢现象的减少。例如，大衰退后无形资产增长的放缓导致了外溢现象的减少，因此生产率增长也呈现了放缓的态势。

长期停滞的症状

在探讨长期停滞和无形资产投资间的关联之前，我们有必要先回顾长期停滞的种种现象，通常它表现为如下几种症状。

第一种症状是投资低迷。如图 4.1 所示，20 世纪 70 年代，美英等国的投资规模均出现下滑，到了 80 年代中期又有所回升，在金融危机期间，投资规模再度陡然下跌，至今尚未恢复元气。

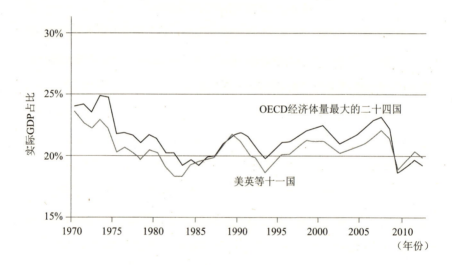

图 4.1 OECD 二十四国投资的实际 GDP 占比，以及十一国（澳大利亚、奥地利、丹麦、芬兰、德国、意大利、日本、荷兰、瑞典、英国和美国）为受约束样本的相关数据

如果不是第二个症状——低利率现象的存在，第一个症状的存在本身并不足为奇。如图 4.2 所示，自 20 世纪 80 年代中期以来，长期实际利率持续走低；尤其是金融危机之后，实际利率一直在超低水平徘徊。尽管投资成本很低，但是投资规模仍然没有恢复到金融危机之前的水平。

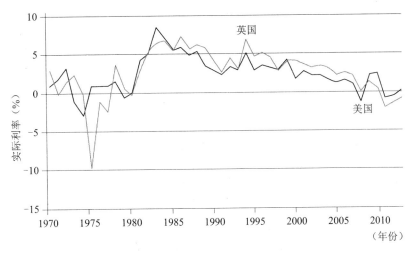

图 4.2 美英两国的长期实际利率

低投资和低利率并存的现象让经济学界备感费解。曾几何时,央行官员们自认为懂得如何应对低投资问题。在过去,每当企业开始担忧前景,并缩减投资规模,各国央行通常会采取降低基础利率的措施加以应对,此举可减少企业的借贷成本。廉价资金可降低企业的融资成本和消费者的借贷成本,从而刺激其信贷活动,并借此拉动投资和消费的回升。

但是这一策略似乎已经失去了功效。这一问题对于各国央行官员而言就好比在船舶飞速驶向礁石的危急时刻,身为船长的他们却发现舵盘失灵,无法调转船身。2013 年,拉里·萨默斯在国际货币基金组织的一场讲座中提及低借贷成本和低企业投资共存的现象,"长期停滞"的说法也由此传播开来。[1]

有人将低利率、低投资并存的谜题直接归因于投资需求的下降。经济学家泰勒·科文在其 2011 年出版的畅销之作《大停滞》一书中指出:在发达国家,优质的投资来源或许已经耗尽,例如新地开发、延长学童教育学制。科文的另一观点最为令人印象深刻:他认为,技术发展或已放缓,具体而言,科技发现的经济效益已无法同先前相提并论。经济学家兼经济史学家罗伯特·戈登在其 2016 年的力作《美国增长的起落》一书中围绕这一问题展开了更为深入的探讨。戈登指出，20 世纪电力、室内卫浴等发明的问世只是"一场创新大潮"下的波涛翻涌，大潮退去后便不复再来。

这一针对长期停滞的解释引起了较大争议，尤其是因为人们很难衡量技术的发展是否出现了放缓。有人认为，技术放缓论过于唐突离奇，且难以通过数据验证，以此解释长期停滞未免太过牵强，因此，很多人开始转而思考其他的致因。

此外，现今的长期停滞现象背后还存在另外三种更深层次的症状，并且有必要对其各自的成因加以解释。

第一种症状是，平均而言，美国和其他国家的企业利润率超出了过去几十年的水平，并依然稳步增长。企业利润率非但没有承压，反而还跃至历史高位。图 4.3[2] 所显示的利润测度指标中，最具有直接可比性的测度指标是平均资本回报率（如图 4.3B 所示），自 20 世纪 90 年代以来，该指标一直保持大幅增长，这表明我们绝非处于因投无所值而导致投资规模下跌的"灰铅时代"。

初看上去，这似乎同"投资机会稀缺"的看法大相径庭；反过来说，如果投资利润丰厚，企业理应加大投资，从而以较低成本投资于回报丰厚的诱人商机。

第二个奇怪的地方在于，企业赢利能力并不均等，或者更确切地说，其出现了日趋分化的现象。如图 4.3C 所示，头部企业的利润水平蒸蒸日上，显然这些企业并不缺乏投资机会。这也引发了"市场竞争是否弱化"的激辩。通常而言，随着领先企业利润率回归均值和滞后企业淘汰出局，市场竞争可为领先者和滞后者营造公平的发展环境。

企业利润表现同生产率表现较为相似。OECD 的几位经济学家开展了一项颇具影响的研究，其成果如图 4.4 所示。

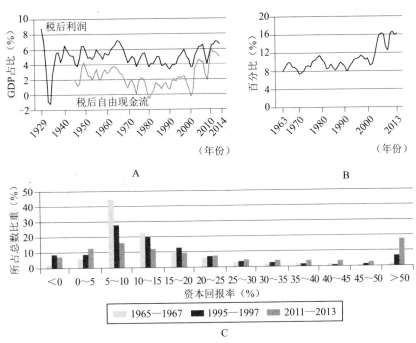

图 4.3 利润和利润分布
图 A：美国国内企业利润；图 B：美国企业全球资本回报率（不含商誉）；
图 C：美国企业利润分布

来源：《经济学人》杂志 2016 年 3 月刊，https://www.economist.com/news/briefing/21695385-profits-are-too-high.

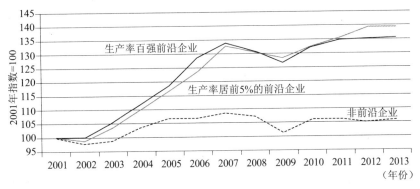

图 4.4 劳动生产率差距

注：数据为员工人均附加值。"前沿企业"为 Orbis 数据库 24 个样本国家二位数制造业和二位数企业服务行业中的生产率百强企业或生产率居前 5% 的企业。

来源：《OECD2016 年经济展望报告》。

OECD 经济学家丹·安德鲁斯、基娅拉·克里斯库洛和彼得·加尔通过研究 OECD-ORBIS 数据库中的会计数据，分析了各行业头部公司和竞争企业之间生产率差距的形成过程。当然，这一差距向来存在，毕竟企业生产率水平本来就是高低各异，但是问题在于这一差距已经显著拉大，并且该趋势早在金融危机之前便已开始萌生。

长期停滞的最后一种现象是，投资规模的下降并不是发达国家生产率增长持续放缓的唯一因素。两大因素能够导致劳动生产率增长的放缓（下面的知识框对劳动生产率、利润率和全要素生产率进行了更全面的阐释）。一个因素是投资规模缩小减少了劳动者的可用资本。另一个因素是劳动者效率的降低，即"多要素生产率"（MFP）或"全要素生产率"（TFP）的下降，而同其可用资本的规模无关。金融危机以来，投资规模的确出现了缩小，但其幅度并不足以完全解释劳动生产率的下跌。事实上，生产率增长放缓的主要原因是全要素生产率增速的下降。如图 4.5 所示，大约从 21 世纪最初十年中期开始，OECD 国家的多要素生产率增速出现了下跌。

什么是生产率和利润率？

生产率是每单位的投入形成的"实际"产出。尽管这一定义看似并无争议，但是其背后涉及诸多生产率测度指标和大量棘手的概念性问题，因此有必要先对其中的部分指标和概念进行审视。

我们先来解释什么是"实际"产出。以英国铁路为例。2010 年，该国铁路客运量为 13.5 亿人次，旅客平均运距为 40 公里。由此可知，该年度英国铁路运营企业的客运总里程约为 541 亿公里（客运量乘以旅客平均运距）。2015 年，英国铁路部门客运总里程为 641 亿公里。（1986 年客运总里程仅为 300 亿公里，还不及 2015 年数字的一半，这就是如今英国火车上拥挤不堪的原因。）

那么旅客支付了多少乘车费用？英国乘客 2010 年的人均行程支出为每公里 12.2 便士，2015 年则涨至每公里 14.4 便士。因此，在这几年当中，英国铁路部门的客运收入（客运总里程乘以乘客每公里支出价格）年均增幅为 6.8%（从 2010 年的 66 亿英镑增长到了 2015 年的 92 亿英镑）。

然而，客运收入的增加显然得益于两个因素：一、铁路客运企业的客运量和客运里程双双增长；二、乘车费用的提高。由上文数据可知，铁路客运企业 6.8% 的收入增长当中，3.5% 的增幅源自客运里程总量的增加，而 3.3% 的增幅则源自乘车费用的上涨。

那么哪一项指标适合用于生产率的测度？是客运里程还是客运收入？生产率分析师通常会剔除价格上涨因素，而直接分析产量变化，而非价格变化。原因在于他们关注的是企业的"生产效率"——企业将投入转化为产出所花费的时间。企业收费高低固然值得关注，但这不是生产率分析需要考虑的问题，而属于利润率分析的范畴。如下文所示。

这里就需要使用到"实际"产出的概念。统计师们将产出相关收入称为"名义"产出（价格乘以数量），而剔除了价格变动因素（只考虑产量变动）的产出被称为"实际"产出。在上述案例中，"名义"产出增长为 6.8%，其中"实际"产出增长占到 3.5%，而价格增长则占到了 3.3%。

这正是生产率和利润率的差别所在。生产率将产出同投入比较，并以实际产出为测度指标，而利润率则将产出同成本比较，二者均以名义指标为测度指标。因此，如果企业只是提高了产品价格，那么其利润率将会增加，而生产率并无变化，因此生产率通常被视为效率的指标。在这一案例中，企业的效率并未发生任何变化。实际上，只要企业拥有充分的定价权，那么即便其生产率低下（或者说效率低下），也完全有可能获得较高的利润率。消费者也深知这一点，毕竟这是多数垄断企业为人所诟病的地方。尽管利润率是一个颇为值得关注的指标，但其局限性在于其是生产率和定价权两个因素综合作用的结果，而多数生产率分析师的研究范围仅仅限于生产率本身，尤其是考虑到生产率和利润率完全可能存在负相关的关系。

再回过来讨论我们的主题：如何测度投入。铁路运输网的运营有赖于大规模的投入——如对列车、铁轨、员工和燃料的投入。因此，我们先来定义两种生产率测度指标。**单要素生产率**是每一单位投入的实际产出。**多要素生产率**（让人迷惑的是这一术语有时被称为"全要素生产率"）则是多种投入的实际产出。下面的案例有助于我们理解这一问题。

以农业为例。从 1961 年到 2009 年期间，世界总人口数量从 30 亿增加到了 68 亿，增幅为 127%。如何满足全球人口的粮食需求？1961 年度全球农业总产值为 7 460 亿美元，以通货膨胀为控制变量，则 2009 年度的农业总产值上涨至 2.26 万亿美元，实际产值增幅达 203%，远远超过了人口增长的速度。提高粮食产量似乎并非难事，只需增加耕地面积便可。实际中是否果真如此？答案是否定的。1961 年，全球耕地面积为 44.6 亿公顷，到了 2009 年仅增长了 10%，达到了 48.9 亿公顷。因此，全球农业部门的单要素生产率，即每公顷土地的实际产出得到了显著的提高，增幅高达 176%。其他单要素生产率测度指标也呈现了上升势头。随着更多人口从事于农耕生产（从 15 亿增加到了 26 亿），农业劳动力数量增加了 70%，但由于实际产出增速更快，因此，农业劳动人口的人均实际产出得以取得高达 78% 的增幅。

那么，多要素生产率增长的幅度是多少？分析师在计算这一数据时通常会根据对比的行业和产出来选择计入哪些要素投入（"多要素"部分）。以农业为例，其产出为数以吨计的农产品，而最常见的要素投入为土地、劳动力（农场劳动者人数）、资本（农场使用的机器），以及中间产品（生产过程所消耗掉的投入品，如种子、肥料和动物饲料等）。如今，得益于耕地面积、劳动力规模、农用拖拉机数量的提升，以及肥料质量的提升，农业领域的产出完全有可能实现提高。因此本案例中的多要素生产率为每单位土地、劳动力、资本和中间产品的实际产出（我们很快会解释如何将其加以组合）。如果农场的产出增长高于所有要素投入的贡献，则表明多要素投入得到了更为充分的利用。因此，多要素生产率增长所测度的不是农场要素投入的增加，而是农场将要素投入加以组合后所产生的效果。

多要素生产率增长这一指标的效用（至少）体现在两个方面。第一，它有助于我们更好地了解单要素生产率增长。如果人均产量或每公顷产量增长，我们自然想知道其原因是否在于投入了更多数量的拖拉机（资本）和/或施用了更大剂量的肥料（中间产品）。

第二个方面是，了解多要素生产率增长还有助于我们了解经济增长的来源。试想存在一个由农场和拖拉机制造商组成的经济体，如果农场主宣称农场生产率（每位农工的产出）提升了一倍，并且农场主已经购入更多数量的拖拉机（其他投入不变），那么多要素生产率的增长将保持不变，并且该经济体的生产率增长则应归因于拖拉机行业的增长。如果农场主通过轮作创新或耕种改良的方式提高了农场的运营效率，那么多要素生产率也会随之增长。事实上，研究人员发现，在这一漫长时期内，世界农业领域的多要素生产率增长为生产率增长的 45%。也就是说，机器升级和肥料改良对生产率增长的贡献比重为 55%，而耕作改良对其贡献比重为 45%。耕作改良主要集中于苏联的集体农庄和中国的农业合作社。

> 最后还有几点需要说明。首先，通常而言，在多数产业或服务行业，土地并不是一种可变要素投入，因此单要素生产率分析所研究的指标通常为实际人均产出。其次，劳动者的投入和工作时间也有可能因人而异，因此，单要素生产率分析师在计算劳动生产率的过程中通常会采用人均产出或人均小时产出作为测度指标。最后，多要素生产率增长的计算方法是将总成本中的各项投入按其支出比例进行相加，因此劳动密集型生产过程的劳动权重较高，而资本权重较低。按照支出比例相加的投入总和被称为投入服务（input services），例如，资本服务便是资本资产（通信技术、建筑物和车辆等）投入的加权之和。

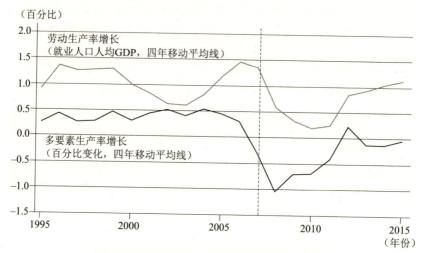

图 4.5　劳动生产率增长和多要素生产率增长
（OECD，1995—2016 年，四年移动平均水平）
来源：美国经济咨商局全经济数据库 2017 年 5 月数据。

从无形资产角度阐释长期停滞现象

能够圆满地解释长期停滞现象的理论也应当能够解释如下 4 种现象：

1. 利率下跌的同时，已测度投资也出现下跌；

2. 赢利势头强劲；

3. 生产率和利润的分化日趋加剧；

4. 全要素生产率增长乏力。

那么，我们能否从无形资产的角度阐释上述现象？本章余文将论证，无形资产或许对这些现象的出现起到了一定的作用，理由如下：

首先，本书前几章已举例论证了企业投资正经历着从有形资产投资向无形资产投资的转变；在部分发达国家，无形资产投资已经居于主导，但并未在国民经济账户中得到充分体现。那么，投资低迷的表象至少可部分归因于 GDP 核算未能计入全部投资。

其次，第 3 章阐述了无形资产的经济特性，其中包括企业能够扩展无形资产。或许这也是企业投资无形资产，并借此扩展销售额的原因：优步、谷歌和微软便是这样的案例。尽管这些企业的雇员数量相对较少，却能够发展成为巨型企业。这说明企业的生产率（员工的人均创收）有所提高，甚至可能出现了大幅增长。由于这些企业可计入国民账户的有形资本相对较少，因此造成了单位资本创收的大幅提高。成功扩展了规模的企业成了行业龙头，逐渐将未能扩展规模（至少尚未扩展规模）的滞后企业甩在身后。

最后，无形资产的另一种特性是外溢效应。尽管企业无法使用竞争对手的厂房，但是它完全可以采用竞争对手的设计、组织架构或创意。这一特性可产生两重影响：一方面，如企业削减无形资产投资规模，那么可以预见的是投资外溢现象也会相应减少，由于投资外溢计入全要素生产率增长，因而又会导致全要素生产率的下降；另一方面，如果企业无法确知能否从其投资中获益，则有可能会选择削减投资规模。

我们将会对这些可能性进行逐一分析。

测度不当：无形资产和投资低迷表象

如前文所言，美英等国的无形资产投资规模已超过有形资产投资。由于大量无形资产投资并未计入国民账户，因而，"长期停滞说"所援引的数据也未包含无形资产投资。那么投资低迷的表象是否源于测度不当？或者换句话说，由于我们一直未能计入无形资产投资，是否因此导致了全球经济增速远低于实际水平？

将无形资产投资计入投资/GDP 比率所产生的影响取决于若干因素。首先它取决于统计机构在核算中认定的无形资产范围。如第 2 章所述，各国统计机构正逐步将表 2.1 所列的无形资产纳入投资统计。其次，如将无形资产投资这一新型投资纳入国民账户，则 GDP 数值也会相应提高，故而此举不会对投资/GDP 比率产生显著影响。

如图 4.6 所示，如将先前未观测的无形资产计入核算将会导致投资/GDP 比率的提高，但不会对其整体趋势造成太大影响，其原因可部分归结于上述效应及相对较短的时间区间。因此，统计不全并不会对投资/GDP 比率的整体趋势产生较大影响，至少在大衰退以来情况如此。（投资统计不全也会影响 GDP 增长的数据，有可能造成"GDP 增速放缓"表象。本章附论中我们将论证这并不会造成重大影响。）

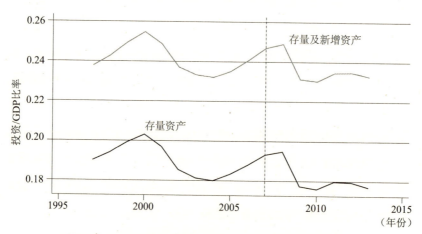

**图 4.6　欧盟十一国和美国在计入和不计入新增无形资产
情形下的投资/GDP 比率**

注：数据为整体经济数据；GDP 为计入或剔除新增无形资产的调整数据。
来源：作者据 INTAN-Invest 数据库计算得出 (www.intan-invest.net)。

利润与生产率差距：规模、外溢与投资激励

无形资产对投资的影响不仅限于投资的测度。第3章讨论的无形资产投资特性显然能够影响企业投资无形资产的动力。无形资产的**扩展效应和外溢效应**更是影响显著。（优步的软件或星巴克的品牌均为可在多地**扩展**的资产。）善于利用**外溢**的企业（开放式创新企业等）不仅可获利于自家无形资产投资，还能受益于他人投资的无形资产。例如，苹果公司的 iPhone 手机在研发中借鉴了诺基亚和爱立信等早期智能手机制造商的失败经验，以及政府部门几十年来取得的科研成果。

由于无形资产投资具有扩展性，因此颇受企业青睐。如企业确信可将投资扩展应用于大量业务，那么企业的投资动力也会随之增加。如果企业认为眼前的项目前景良好，有望成为未来的佩奇排序算法（PageRank）或重磅药品，那么选择孤注一掷投资于此也合乎情理，毕竟此类具有扩展性的无形资产投资也会创造丰厚的回报。

可以预见的是，外溢效应的存在降低了普通企业的投资意愿。回想一下第3章讨论的百代研发 CT 扫描仪的案例：百代斥资数百万美元打造出了全新的产品，最终却让竞争对手坐享其成，因此，多数企业自然也会极力避免步其后尘（百代如果未能获得政府部门的高额研发补贴，或许也未必会投资研发 CT 扫描仪）。

无形资产的外溢会让普通的企业望而却步，但并不是所有的企业都是普通企业。我们在第3章中讨论过，无形资产的外溢并非毫无规律。企业管理大师们研究了将他人投资外溢为己所用的艺术，并将这一行为命名为"开放式创新"。如同艺术家们的造诣各有不同，企业的开放式创新能力也高下不一。稍微关注商业新闻报道便不难发现，部分企业尤其善于吸纳、利用外界的优质创意。（一个极端的案例是德国电商孵化器火箭互联网，该企业系统性地甄别网络优质创意，其执行效率和效果甚至连创意原创者也无法企及。）

无形资产的这些特性可影响到企业的业绩：能够打造、利用无形资产的企业可以获得极高收益。可以预见的是，无形资产占据重要地位的经济体系将会催生出头部企业，它们坐拥高价值、可扩展的无形资产，并且善于吸纳其他企业的投资外溢。这些企业的生产率颇高、利润丰厚，而竞争对手则纷纷败退，无力与之抗衡。

企业间生产率的差距正不断扩大。一种颇为流行的解释将其归因于竞争政策的日渐弱化，使得实力雄厚的领先企业能够更好地保护其市场地位。竞争政策的弱化是否为全球普遍现象尚不清楚，实际上，多数政府对竞争政策颇为重视。那么，领先企业能够遥遥领先，并巩固优势是否得益于无形资产投资的扩展性和外溢性？

从优步、谷歌和微软的零星案例上看，无形资产密集型企业能够急速地扩展企业的规模，但是这一观点的确立还需收集各企业无形资产投资数据，并观察这些数据和赢利能力分化的相关性，问题是现有会计惯例并不能实现这一点。那么，我们可以从行业层面入手，毕竟相关信息有数可查。无形资产占据重要地位的行业最适于企业发展无形资产。例如，公共水务部门和排污企业也可利用无形资产扩展规模，但是其范围远远无法同制药或金融服务等无形资产密集型行业相提并论。因此可以预见，在无形资产密集程度更高的行业或国家，生产率差距将会出现大幅扩大。这一点在图 4.7 中得到了验证。

图 4.7 揭示了 2001 年到 2007 年期间（截至金融危机前）平均生产率差距（头部企业和尾部企业间的生产率差距）的变化和 2001 年无形资产密集度之间的关系。左右两侧分别为制造业和服务业。在制造业领域，意大利和奥地利并未大规模地投资无形资产，其生产率差距也仅仅呈现了小幅度的上升，与此形成对照的是，英国、瑞典和法国大规模投资了无形资产，其生产率差距增幅也颇为显著。而在服务业也存在同样的情况。

那么，无形资产投资会对企业利润产生怎样的影响？我们并无直接利润数据，但是如果我们以研发和/或专利为无形资产的替代指标，则可发现更多的依据能够佐证上述生产率差距的观点。经济学家布朗温·霍尔、亚当·杰夫和曼努埃尔·特拉滕博格收集了一组美国企业的财务数据和研发数据，并将之同其专利和专利引用量进行关联。他们发现，如以若干其他因素为控制变量，则企业股票市值、研发支出和高引用量专利之间存在高度关联性。虽然股票市值未必是衡量企业前景的最佳指标，但上述发现确可表明企业的业绩同（某种类型的）无形资产存在相关性，这印证了这样的观点：无形资产密集型企业在业绩上超过了其竞争对手。[3]

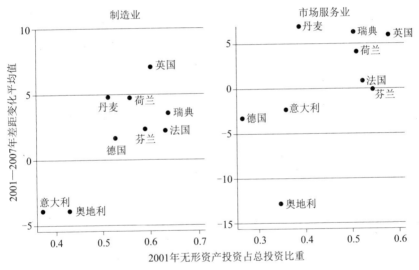

图 4.7　无形资产密集度和生产率差距的变化

注：2001 年至 2007 年间，生产率差距的变化为部门劳动生产率上四分位数和下四分位数之差的变化。国家为奥地利、丹麦、芬兰、法国、德国、意大利、荷兰、瑞典、英国。
来源：作者据 ESSLait 数据库 (https://ec.europa.eu/eurostat/cros/content/impact-analysis_en)
和 INTAN-Invest 数据库 (www.intan-invest.net) 的生产率差距数据计算得出。

因此，在各行业均大规模投资无形资产的国家，生产率差距出现了大幅增长。显然这一问题有待于进一步研究，但如有更多研究仍支持这一结论，则说明业绩/生产率差距的拉大可部分归因于无形资产投资的增长。这又解释了投资行为分化的原因：由于领先企业可打造出具有扩展性的资产，并获取其大部分收益，因此往往选择持续投资（并坐享其高额回报）；同时，滞后企业预期所获私人收益较低，故而往往放弃投资。由于领先企业数量较少，而滞后企业数量较多，因此将会产生"总投资率较低""投资回报较高"的净效应。

投资外溢：无形资产和全要素生产率增长放缓

尽管"无形资产投资测度不当"在很大程度上都无法解释投资问题，但它还是有助于解释长期停滞谜题的一个方面，即近年来全要素生产率的增长陷入低迷。

如图 1.4 所示，在过去几十年中，多数国家的无形资产投资呈现稳步增长的态势，而在 2007 年之后，无形资产投资和有形资产投资的增速均有所放缓，如今虽有回升，但并未恢复到先前水平。如图 4.8 所示，其结果是，无形资产和研发的资本服务自 2007 年来出现了增速放缓。（相较于投资，资本服务同时考虑了投资和折旧两个因素，因此能够更好地测度无形资产资本服务的流量。）

我们再来讨论无形资产的两种经济特性——外溢性和扩展性。假设一家企业同时投资了有形资产和无形资产，二者都可为企业创造效益，而无形资产由于具有**扩展性**，因此能够提高企业的生产率，此外，无形资产的外溢有助于帮助其他企业提高生产率。由此可知，其附加效应将会体现在全要素生产率数据之中。[4] 其负面效应在于，如图 4.8 所示，如果无形资本的增长出现下滑，那么全要素生产率的增长也会随之下降。

图 4.9 展示了在大衰退前后十个国家的全要素生产率和无形资本增长。在大衰退之前，大多数国家位于图表右上方——表明无形资产和全要素生产率均取得正增长。2008 年以后，除西班牙外，所有国家的位置下

移至左下角，原因在于无形资产投资增长和全要素生产率均出现下降。

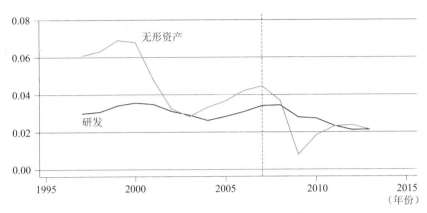

图 4.8　无形资产和研发资本服务的增长：
所有国家（基于购买力平价的 GDP 加权数据）

来源：作者据 INTAN-Invest 数据库（www.intan-invest.net）和 SPINTAN 数据库（www.spintan.
　　　net）计算得出。

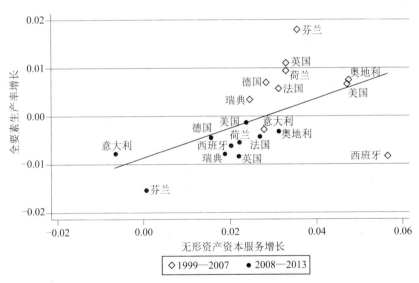

图 4.9　全要素生产率增长和无形资产资本服务增长

注：图表展示了 1999 年至 2007 年间（空心菱形表示），及 2008 年至 2013 年间（实心
　　圆表示）的年均增长率。数据为整体经济数据。国家为奥地利、芬兰、法国、德国、
　　意大利、荷兰、西班牙、瑞典、英国、美国。

来源：作者据 INTAN-Invest 数据库（www.intan-invest.net）和 SPINTAN 数据库（www.
　　　spintan.net）计算得出。

通过分析该上升型最佳拟合线，我们可以推出这一结论：无形资本的增长放缓与全要素生产率的增长放缓之间存在着关联性；一项更为复杂、耗时更久的调查研究也可佐证这一点。此外，如图 4.10 所示，研发资本的增长也遵循着类似的模式。

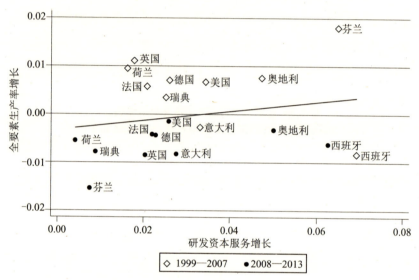

图 4.10 全要素生产率增长和研发资本服务增长

注：图表展示了 1999 年至 2007 年间（空心菱形表示），及 2008 年至 2013 年间（实心圆表示）的年均增长率，数据为整体经济数据。国家为奥地利、芬兰、法国、德国、意大利、荷兰、西班牙、瑞典、英国、美国。

来源：作者据 INTAN-Invest 数据库（www.intan-invest.net）和 SPINTAN 数据库（www.spintan.net）计算得出。

当然，两种情形都存在干扰因素，也不排除其中还掺杂了其他因素，这有待于将来的研究工作对其进行探索，但从图 4.10 中可以看出，全要素生产率增长的放缓可部分归因于无形资产投资增长的放缓。

无形资产外溢的减少？

另一个可能导致全要素生产率增长放缓的因素是无形资产外溢的减少。这一解释难免带有几分猜测，我们现在分析为什么存在这样的可能。

一种可能性是，滞后企业有效汲取投资外溢的能力减弱。如果企业获得无形资产外溢具有随机性，则不会对企业的赢利能力产生显著的影响。任何企业均有机会坐收他人无形投资的回报，同样，自家的无形资产投资回报也可能会落入他人之手。但是稍懂商业媒体或管理研究的人士都会知道，实际情况并非如此。

部分企业尤其善于将其他企业的创意为己所用。谷歌收购、开发和推广安卓系统是一个广为人知的案例。苹果的史蒂夫·乔布斯斥之为对 iOS 操作系统的剽窃。但这一趋势已在经济体系各处蔓延开来：管理大师们倡导"开放式创新"和"快速跟进"。人们常常会发现，尽管早起的鸟儿有虫吃，但是能吃到奶酪的却是第二只老鼠。[经济学家兼博主克里斯·迪洛（Chris Dillow）指出，在技术高速发展的领域中，企业更有动力充当"快速跟进者"：坐享其成一方面可让企业受益于先行投资者的投资外溢，另一方面也可使其受益于软件等投资品价格的不断下跌。][5]

无形资产投资的扩展效应和协同效应也可提高领先企业的投资意愿。规模较大、发展较快的领先企业往往能够充分利用无形资产的扩展效应，例如，星巴克可将其品牌和操作流程用于每家新开的门店，并且无须追加相关无形资产投资。领先企业的其他无形资产往往也能够同其新的资产产生协同效应，例如，苹果公司素以产品美观、便于操作而声誉卓著，因此消费者也会对 iPhone 产品青睐有加，尽管此前的智能手机并不好用。

即便滞后企业开始削减投资，总体投资规模是否会下降还取决于行业结构。如果只有少数几家领先企业可内化其无形资产投资收益，那么从理论上讲，这几家领先企业扩大的投资规模如果足够大，那么滞后企业的投资缺口是可以被填补上的——尽管投资企业数量较少，但其投资规模却颇为庞大。如果乐于投资无形资产的领先企业投资的规模无法弥补因滞后企业削减投资而产生的投资缺口，那么总体投资和投资增长则会下降。

针对投资缺口现象，人们提出了几种解释。第一种解释回归之前讨论的无形资产作为投资品的基本特性，针对部分类型的无形资产投资，即便是规模庞大、拥有大量互补资产、擅长开放式创新的企业也可能难以从中获益。在媒体分析师和股票分析师们看来，像特斯拉一样长期大规模投资于研发和设计（以及有形资产）的企业并不多见。

第二种可能性是，即便领先企业理论上有意大规模地投资于无形资产，但是管理层重视不足和落实困难会成为其中的瓶颈。例如，作为市场领军者，亚马逊的企业规模颇为庞大，并拥有大量高价值的无形资产。该企业执行力强，善于借鉴对手的创意，并在其所擅长的领域击败对手。同时，亚马逊着眼于长期投资，并不急于追求在短期实现赢利。亚马逊还投入了大量资金发展新型业务，其业务范围也从最开始的图书销售扩展到了一般商品零售、计算机硬件和云计算等领域，现在其又开始大举布局生鲜食品行业。但上述投资都需要耗费一定时日，管理层事务繁多则会影响企业进行大笔战略投资的效率，市场领先企业也概莫能外。管理书籍和商业新闻常常热衷于探讨"管理者专注力"和"量力而为"的发展模式，按照这一说法，如果所在行业中仅有少数企业有信心获得投资回报，"管理者专注力"可能会限制行业的总体投资规模。

最后一种可能性是无形资产投资类型的变化。或许这掩盖了寻租活动——寻租活动从表面上看提高了生产率，但实际并非如此。

常识告诉我们，无论是投资有形资产还是无形资产，商业的性质决定了企业投资必然有优有劣。久而久之，整体经济层面的优劣投资将相互抵消，而普通企业的边际投资回报率将回归市场平均水平。

当然，投资企业获得的私人收益未必等于经济体系的整体回报水平。上文谈道，如果无形资产投资能够产生良性外溢，那么社会收益率将会高于私人收益率，其他企业也可从中获益。例如苹果公司的投资促进了智能手机的普及，而三星和 HTC 也从中受益。

但是也同时存在这种可能性：无形资产投资和有形资产投资的社会收益极为有限，甚至全无收益，那么投资为企业创造的私人收益实为其他地方形成的既有价值的转移。

我们以销售肾上腺素笔的美国药企迈兰和全球共享出行企业优步为例进行分析，这两家公司近年屡屡见诸新闻报道。我们在第 3 章提到，肾上腺素笔的成功有赖于一系列环环相扣的无形资产投资：其产品设计已获药品监管机构批准；产品名称（已受保护）具有辨识度；急救人员接受过相关培训，了解其产品的使用方法；企业拥有销售和推广渠道，可将产品推销给学校等重要客户（部分销售推广活动得到了法律的支持，如《美国学校获取应急肾上腺素法案》）。但这一成功故事的背后也存在着阴暗的一面：肾上腺素笔厂商也对竞品制造商提起诉讼，企图推迟或阻碍对方进入市场。肾上腺素笔之所以可成为企业的创收来源，部分原因在于该产品兼具社会效益和私人效益。急救人员了解产品的使用方法，众多过敏反应患者也熟知其品牌，显然对于消费者和药企而言也颇为有益，而迈兰起诉竞品厂商，以及竞品难获审批，除了迈兰之外，是否还有人可从中受益？答案恐怕就没有那么一目了然了。

优步也同样存在类似问题。除了软件和品牌之外，其规模庞大的合作司机网络也是一种可创收的高价值无形资产（优步每在一座新城市落地，都会提供丰厚的合同和高额的补贴以吸引司机加盟，从中不难看出司机网络对优步具有很高的价值）。因此从某些角度看，这一无形资产在创造公共效益的同时还兼具私人效益：优步打造的优质司机网络也为乘客提供了有价值的服务。但有批评人士认为，至少就某些方面而言，优步打造司机网络的"投资"是一场零和博弈，因为其使得企业在扩张用工规模的同时得以规避劳动法和最低工资标准的相关规定。就此而言，这可部分解释为什么对于优步而言，司机网络投资具有较高价值：并不是因为司机网络创造了新的价值，而是因为它夺去了原属于司机的部分价值（司机原本可以享受最低工资或其他待遇）。

批评人士认为，迈兰和优步的无形资产投资并未扩大整体经济规模，它们只是切取了既有的经济蛋糕，使得无形资产的投资者们得以独享其成。

我们也不难想到其他类似例子。假设存在"好企业"和"坏企业"两家公司，二者在创办子公司的过程中均投入了法务费用和业务重组成本（可视为组织发展投资）。"好企业"设立子公司的目的在于提供可创收的新型服务，此举可兼顾企业的私人收益和社会收益（提升 GDP）。

同时，我们假定"坏企业"创办子公司的唯一目的只是避税，此举可为"坏企业"创造私人收益（体现为应纳税额的减少），但是这一做法无法创造社会收益，也不会带动 GDP 增长。在此案例中，企业的私人收益体现为企业规避的应缴税款。

如果存在此类寻租支出，并且已被计为投资，那么投资规模则会相应地增加。领先企业的市场位置或可随之上升，但是总产出并无增长，这将体现为全要素生产率（劳动和投资对增长的贡献率与增长率本身之间的残差）的下降，且外溢为负。

类似的支出也同样存在，例如企业开发所谓的"阻碍性专利"，从而阻止竞争对手涉足相关研究领域，以及企业为了争夺市场份额（尽管如第 3 章所言，多数广告活动并无此意）而开展的广告营销活动还可产生其他难以测度的负向外部效应：长久以来，资本主义的批判者们认为，强令劳动者遵循繁文缛节违背人性、压抑人性——的确，某些类型的组织发展投资似乎剥夺了劳动者的自主性，导致其幸福感降低，但是反例也同样存在：有人断言，组织发展投资（精益流程等）能够提高，而不是降低工人的能动性。部分有形资产投资也可产生有限的社会回报，如高频交易商安装光缆的唯一目的就是将交易时间缩短到纳秒级别（约翰·凯在其著作中对此进行了生动的阐释）。至少从主流无形资产的测度方法体系审视，并不是所有的寻租支出都会形成无形资产投资，但是相较于有形资产投资，无形资产投资的寻租行为及零和博弈更为普遍。

这一现象会对投资数据和生产率数据造成一定影响。一种可能性是无形资产投资的增长掩盖了寻租投资的增长，后者对 GDP 增长并无推动作用。尽管这一观点无法解释经济体系的投资下滑，但是它能够解释生产率的下降和全要素生产率的下降。可以想象，如果经济体系治理不善，那么寻租型无形资产规模将会扩大，在无形资产投资规模一定的条件下，产出规模和全要素生产率因而将会下降。随着经济体系中无形资产比重日益提升，这一风险因素的存在使得政策制定者有理由对寻租活动加以防范。

另外一种可能性是：无形资产投资的兴起导致寻租活动更为频繁，如我们之前所讨论，或许是寻租活动导致领先企业和滞后企业间的差距加大。

詹姆斯·贝森在一篇论文中提出了这样的问题：催生美国非金融部门领先企业与滞后企业之间差距的究竟是无形资产投资的增长，还是寻租活动的加剧？贝森研究了行业监管（以监管指数和政治游说开支为测度指标）同上市企业市值之间的关系。他得出的结论是，尽管自 1980年以来，无形资产（以研发投入为测度指标）是股价大幅上涨的驱动因素，但监管和游说支出对企业市值的影响更为显著。

如第 3 章所言，无形资产具有**争议性**，或许正是这一特性促使企业斥资维护或保护其资产权益。近年来，越来越多的美国科技企业加入了游说行列，其诉求通常涉及其高价值无形资产，例如谷歌希望获得高价值的数据和软件的特定使用权，优步和爱彼迎则分别寻求获得其司机网络和房东网络的特定使用权。如果游说成功，企业可获得丰厚回报，因为这些无形资产极具扩展性，并且是投资企业商业模式的固有部分。无形资产也可帮助企业在竞争中保持领先地位，避免落于下风，这又会降低滞后企业的投资意愿。

因此，问题并不是无形资产支出测度不当，而是游说支出测度不当。其原因或许在于，经济体系向无形经济的转型过程中需要一套全新的制度体系来化解无形资产固有的争议性问题。

对此，一种较为乐观的解释是，在经济体系中无形资产密集程度的提高过程中，相应的法律和制度体系会逐渐形成，但是在此之前，企业仍会热衷于无形资产投资相关的寻租活动。例如，随着外溢效应和规模效应的重要性日益提高，现行的税收、竞争和知识产权等法规都会面临崩盘考验，而新体系的构建又有赖于游说活动、法律论证和制度重构。这一针对新型经济的适应性调整需要企业和政府投入资金，并且无法产生立竿见影的效果。因此，企业投给无形资产的每一块钱对提高生产率的作用也相对较小。一种较为悲观的解释认为：各种寻租行为同无形资产的固有特征（尤其是无形资产的争议性）存在相关性。这表明除非各国加强监管，防范寻租行为，并设计出无形经济所需要的制度体系，否则全要素生产率的增长仍将处于持续低迷的态势。

小结：无形资产对长期停滞的影响

毫无疑问，长期停滞是一种复杂的现象，而这一现象背后的潜在致因可谓多种多样。我们认为，企业投资从有形资产投资向无形资产投资的长期转变在四个方面导致，或加剧了经济的长期停滞。

第一，这一谜题的一小部分原因可归结为测度不当。已纳入 GDP 的无形资产投资仍在不断增长，这表明"投资荒"问题并没有表面看上去那样严重。同时此举还可小幅提升 GDP 增长数据，但是长期停滞现象的大部分问题依然存在。

第二，无形资产的扩展性催生了赢利能力强的大型企业。这些企业更善于吸纳其他企业的无形资产投资外溢，因此导致领先企业和滞后企业之间生产率差距和利润差距加大，同时还削弱了滞后企业的投资动力。这也解释了低投资规模和高投资回报为何同时存在。

第三，大衰退之后，无形资本的构建速度有所放缓，因此导致投资外溢现象减少，继而造成企业规模扩张和全要素生产率增长放缓。部分依据可以佐证，几乎所有出现研发和无形资本增长显著放缓的国家也都出现了显著的全要素生产率增长放缓。

最后一个因素更多地带有一些猜测的意味：滞后企业之所以不善于吸纳领先企业的投资外溢，其原因或在于领先企业更加长于利用不同类型无形资产的协同性。或许正经历向无形经济转变的经济体系需要一套全新的制度体系来化解无形资产固有的争议性问题，因此投资流向了游说活动、法律论证和制度重构，而这些活动都不会产生立竿见影的效果。

附论：未观测无形资产投资对 GDP 增长的影响

未观测无形资产投资对 GDP 增长的影响较为复杂。由于已测度 GDP 数据包含了已测度投资，因此 GDP 增长中包含的是已测度投资的增长（乘以投资的 GDP 占比）。故而只有当未观测投资增速快于或慢于 GDP 增速时，才会出现测度不当的情形，如果两者增速完全相同，那么

GDP 总量会出现偏差，而 GDP 增速则不会出现这一问题。因此，如果未观测无形资产投资增速快于 GDP 增速，则会导致已测度 GDP 增长过低，继而造成长期停滞的表象（增速低迷）。图 4.11 展示了将无形资产投资计入后欧盟 11 国及美国的 GDP 增长会出现怎样的变化，从中可以看出其影响较小：2008 年后 GDP 增长出现了略微的加快，但幅度不大。

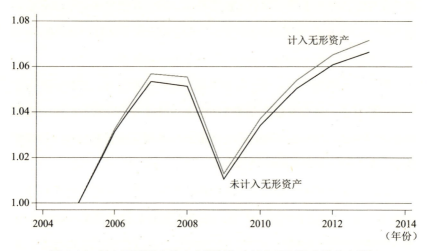

图 4.11　计入无形资产的产出增长和未计入无形资产的产出增长

注：2005 年指数为 1。

来源：作者据 SPINTAN 数据库（www.spintan.net）计算得出。

5 加剧不平等
科技、贸易和财富的累积趋势

本章将揭示无形资产投资的重要性日益提升同数十年来很多发达国家面临的不平等加剧问题之间的关系。我们认为，无形资产的兴起可能加剧了财富不平等和收入不平等。随着企业的无形资产日趋密集，企业也需要更好的员工（更好的经理人、更好的电影明星、更好的体育英雄）帮助企业实现这些资产和其他无形资产的协同。因此，企业在人才挑选上变得更为严苛，支付的薪酬也变得更为丰厚。财富不平等则可归因为无形资产的外溢提高了城市居住的吸引力，造成了房价高涨、富者更富的后果。此外，我们还推测：无形经济下取得成功所需要的某些文化特性可能有助于解释导致很多发达国家民粹主义抬头的社会经济矛盾。

自 2010 年以来，不平等现象成了争论最多的经济问题之一。托马斯·皮凯蒂和安东尼·阿特金森（Anthony Atkinson）等学者进行了深入的研究，其结果表明，在过去数十年中，"富者（就其收入和财富而言）越富、贫者越贫"的问题愈演愈烈。其他维度的不平等也日渐凸显：代际不平等、地域不平等，以及精英阶层和感到遭到疏远、轻视的群体间的不平等。或许正是不平等所具有的多维性使得公众产生了巨大的共鸣。新闻媒体既热衷于报道富人群体（亿万富翁斥资 1.5 亿英镑购入伦敦、曼哈顿房产的消息屡见不鲜），同时也对"掉队群体"颇为关注：有人沾染毒瘾，有人投身极端政治，有人年纪轻轻却已身亡命殒。

针对不平等的加剧，人们试图用新技术、新自由主义政治、全球化等多种原因加以解释。如前几章所述，无形资产的兴起导致发达经济体的基本结构和运行模式发生了深刻、长久的变化，这一变化是否也是现今社会不同程度、不同维度不平等的致因？

本章将论证，新型无形经济的发展确实有助于解释当前出现的各类不平等现象。

不平等现象实践指南

经济不平等现象可谓头绪繁多。我们有必要对公共论辩中常常提到的几种不平等加以区分。下文知识框对此进行了罗列。

不平等的测度指标

在讨论不平等类型之前，有必要先区分两个经济概念：收入和财富。人们通过劳动和资本获得收入，它是一种"流量"。劳动收入主要为薪酬，资本收入包括租金和分红，二者均为一定时期内获得的流动性收入。财富是资产／资本的价值，它是一种"存量"。家庭的财富通常体现为房产，而企业的财富则通常为其拥有的、用于生产的有形资产和无形资产。如果存量已知，则可通过回报率计算出流量大小：资本收入等于财富乘以财富回报率。也可以通过回报率，即企业的"人力资本"存量的回报率计算出劳动收入流量。财富资本通常源于储蓄和继承，而人力资本则源于教育和人才。有数据显示，发达经济体中劳动收入通常占 GDP 的 65% ~ 75%，其余部分为资本收入。财富的年回报率为 6% ~ 8%，而财富总额为 GDP 的 400%。财富总额为什么会远远高于 GDP 数值？其原因在于财富是存量，其形成源于多年的资产累积，而 GDP／收入则是单个年度的流量。此外，英国财政研究所的研究表明，财富不平等程度要远高于收入不平等：财富居于前 10% 的家庭掌握了 50% 的财富，而财富居于后 25% 的家庭掌握的财富几近于零。基尼系数是分配不均等的总结性评估指标，其取值范围是从 0 到 1，取值为 0 代表平等状态，取值为 1 则代表了财富为一人所独有。研究表明，英国 2010 年至 2012 年的财富基尼系数为 0.64，而净收入基尼系数则为 0.34。

第一种，也是最为显著的类型是**收入不平等**。在 20 世纪八九十年代，英美两国的收入不平等状况加剧，此后一直处于较高水平。自 20 世纪 80 年代以来，发达国家高学历劳动者同低学历劳动者间的收入差距也在不断扩大。图 5.1 列出的美国数据代表了多数（而非所有）国家的情况：1979 年，接受过大学教育的男性薪资水平比仅接受过高中教育的男性高 17 000 美元左右，到了 2012 年，这一收入差距几近 35 000 美元（通胀调整数据）。

但是，这一案例所蕴含的信息还不仅限于此。"占领华尔街"运动喊出了"百分之一"的口号，其有力之处在于使得收入不平等的分形分布在人们脑海中得到了具象化：最富的 1%、0.1% 和 0.01% 群体的收入出现了飞速增长（如图 5.1 所示）。发展经济学家布兰科·米拉诺维奇指出，这是一种全球性的现象：过去 20 年中全球多数人口的收入大幅增长，在中国等已脱贫的大国中这一点尤为显著。世界最富群体的收入也出现了大幅增长。但有一大群体的收入增长未能跟上步伐，即收入居于全球第 75 百分位和第 95 百分位之间的人群，他们主要是发达国家为数众多的工人。

托马斯·皮凯蒂在其巨作中提出了不平等的另一种形态——**财富不平等**。皮凯蒂的《21 世纪资本论》一书不乏精彩之笔，其中一大亮点在于它通过研究揭示了极富群体难以测度的财富，指出：美、英和法等国极富群体的财富在过去几十年中出现大幅增长，这一情况的出现也并非完全出乎意料。

尽管另外三种不平等形态并未引起主流经济学关注，但它们同样也和人们息息相关。

第一种不平等形态是日益加剧的**代际不平等**。戴维·威利茨在其颇有影响的著作《困境》一书中对英国代际不平等有着鲜明而又翔实的记述。如图 5.2 所示，20 世纪 50 年代，英国贫困人群绝大多数为退休人士（还包括为数较少的失业者和低收入者），而如今则已全然不同，尤其就个人财富而言，英国退休人士已经跻身最富群体之列，而低收入劳动者则构成了贫困人口的主体。

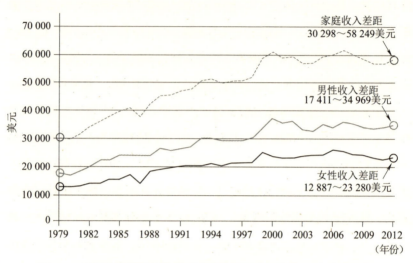

图5.1 美国高中毕业群体和大学毕业群体间的年收入不平等现象（中位数，以2012年美元不变价计量）

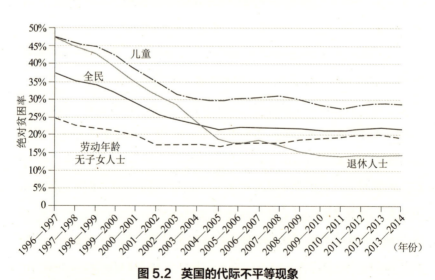

图5.2 英国的代际不平等现象

注：数据为扣除住房成本后的绝对贫困率（2010年至2011年度实际收入低于中位数60%的群体所占份额）。

来源：英国财政研究所，https://www.ifs.org.uk/uploads/publications/comms/R107.pdf.

不平等的另一维度是**地域不平等**，甚至发达国家也难逃其殃。产业衰退导致繁荣地区陷入困顿的事例早已存在，英国更是如此，该国在20世纪饱受这一问题困扰，与此同时，部分地区发展成为经济活动温床的情形也屡见不鲜。一些事件导致了地域不平等问题愈加显著，例如在2016年英国脱欧公投中，英格兰的发达城市和其他地区的投票选择迥然不同，而美国大选中，内陆欠发达地区"掉队群体"选票的激增也推动了唐纳德·特朗普当选总统。

英国脱欧公投和特朗普当选所揭示的分化则指向了尚未引起经济学界广泛关注的另一种不平等形态——**尊重不平等**。从美国特朗普的支持者，到英国独立党，再到意大利五星运动党，全球各地民粹运动此起彼伏，尽管其背后的致因多种多样，但是有一个原因屡屡为诸多民粹人士所提及，那就是他们认为脱离民众、盲崇技术，甚至腐化堕落的当权者总是一副居高临下、毫无尊重的样子，这令其备感愤慨。从收入或财富角度来看，民粹运动的部分支持者经济状况的确不佳，但也并非人人如此。财富不平等固然使之愤愤不平，尊重不平等也同样令其怒火中烧。

常规解释

针对不平等加剧的现象，经济学界提出了若干种解释，其中最流行的三种观点分别将其归因为现代科技的发展、全球化的兴起以及财富的累积趋势。

第一种观点认为不平等是**科技发展**的结果——新技术取代了劳动者，导致其薪资下降、企业利润上升；在现今时代，持此论调者主要关注的是引领科技的计算机和信息技术，他们认为计算机能够很好地取代常规工作，如电话交换机接线、生产线上重复单一的工作，及银行的柜台取款服务。随着近年来计算机智能化水平持续提高，其任务范围又扩大到了登机牌发放、超市收银以及常规问题电话应答。随着成本的逐年下降，投资于可取代低技能劳动者的计算机设备对于企业而言无疑更为划算。随着低技能劳动者的市场需求降低，他们的薪资也因此下降。

埃里克·布莱恩约弗森和安德鲁·麦卡菲曾于近年提出告诫称，信息技术的飞速发展或许会导致计算机以前所未有的速度取代人工。可以预见，"与机器赛跑"或"机器人的崛起"会使较为贫困的劳动者失去工作，而富有的资本家则可从中受益。

早在工业革命时期，这一观点就已经生根萌芽，并催生了内德·卢德和斯温队长的传奇故事。如今的经济学家们尤其善于给有趣的现象取一个无趣的名字，他们将这种趋向称为"技能偏向型技术进步"。以马丁·古斯、阿兰·曼宁和戴维·奥特尔为代表的劳动力市场经济学家们从另一个角度探讨了"计算机取代常规工作者"的问题，他们认为：计算机不会取代高薪的知识型劳动者，也未必会更替掉低薪劳动者。其原因在于，诸如招待用餐、清洁浴室或照顾老人等低薪工作并不是常规工作，相较而言，计算机更为胜任的是中等收入者所从事的常规工作，因此其有可能会取代中等收入劳动者，从而造成劳动力市场的"空心化"。

第二种观点试图从贸易角度解释现今时代的不平等。经济学家理查德·弗里曼生动地称之为"大倍增"。弗里曼指出，在 20 世纪 80 年代苏联倒台，中国和印度启动市场改革之前，全球贸易经济体系覆盖的发达国家及亚非拉部分地区劳动人口总数约为 14.6 亿。

在随后的 20 世纪 90 年代，"大倍增"几乎顷刻而至。随着中国、印度和苏联阵营国家加入全球经济体系，全球劳动力规模几乎翻了一倍，达到约 29.3 亿。从经济学角度看，如其他条件相同，供给增加会导致价格下跌。

此后，新加入全球劳动力市场的国家承接了低技能制造业（纺织品、大宗钢材、飞机发动机和半导体产品等行业），这使得发达国家同业低技能劳动者面临巨大的竞争压力——许多人遭受失业或薪资下降的打击，同时，这一变化却又造福了发展中国家的劳动者群体：米拉诺维奇的研究指出，过去二十年间，发展中国家终于迎来了姗姗来迟的繁荣发展，其代价却多为发达国家的劳工阶层所承担。与之类似，移民也会导致低技能岗位竞争的加剧（尤其是新老移民之间竞争的加剧）。

第三种观点从更为基础的财富不平等角度解释了现今不平等现象的原因，该观点认为，在没有外力相抵的情况下，**资本会呈现累积的趋势**。皮凯蒂提出了如今广为人知的"r>g 导致不平等"（下文知识框对此进行了阐释），该观点认为：如果资本回报"r"超过了整体经济增速"g"，则说明富人所拥有的经济蛋糕份额普遍出现了增长。皮凯蒂认为，战后的政治选择（特别是针对富人的高额税收政策，及政府部门鼓励充分就业、保障工会权利的相关措施）降低了 r 的数值。但是随着政策方向转变、经济增速放缓，各经济体中的 r 已经超过 g，并且这一情形将持续存在。

皮凯蒂的 r >g 条件概述

经济学家罗伯特·索洛对该书进行了精彩的评述，勾勒出了皮凯蒂的主要观点：我们需要确定资本／国民收入比率是在上升还是下降，这一比率代表着资本从经济蛋糕切取的份额。假设国民收入为 100，其增长率为 2%，这代表国民收入从 100 增长至 102；同时，储蓄增长可带动投资增长，继而推动资本的增长：假设储蓄率为该年度国民收入的 10%，则资本增量为 10（100 的 10%）。只有当资本总量为 500 时，资本／国民收入比率可保持不变（第一年的资本／国民收入比率为 500/100=5，第二年为 510/102=5）。由此得出，如果储蓄率"s"等于经济增长率"g"，即 s=g，则资本／国民收入比率将保持不变。进一步可知，如果 g 出现下降（由于科学家们创意枯竭），而 s 保持不变，即 s>g，在这一情况下，资本／国民收入比率会出现上升；皮凯蒂认为此情形将会在 22 世纪出现。由于资本回报等于资本回报率乘以资本。因此，如果资本／国民收入比率上升，且回报率没有下降，则说明资本所有者切取的经济蛋糕份额越来越大，这代表了该维度不平等的加剧。而批评者则多认为，资本规模的扩大会导致资本回报减少。

难以解释的四种现象

上述三种观点分别从科技、贸易和财富的累积趋势角度分析了现今时代不平等加剧的问题，尽管这些简单的理由看似合理，但它们似乎无法阐明现今世界财富分布的若干情形。

我们现在来思考和不平等现象的常规解释相悖的四种现象：科技与薪酬的关系难以预知；最富的 1% 群体财富的持续增长；房价成为导致财富不平等加剧的重要因素；企业间薪资水平差距愈加显著。

首先来看**科技**对薪酬的影响。如前文所言，很早就有人认为"科技将取代人工，并导致劳动者陷入贫困"，但历史表明，这一观点并非完全正确。

在 19 世纪中期的英国，机器人和计算机还没有问世，因此让彼时的经济学家们备感忧虑的并不是这些物品，而是骡机。骡机可将棉花纤维纺成纱线，这是工业革命核心领域纺织业中的一道重要工序。[1]起初，骡机的操作涉及多项复杂步骤：工人需控制纺锤速度以确保纱线条干均匀，此外还需周期往复进行退绕处理。因此，至少在其引进伊始，走锭纺纱还属于高技术工种。

1824 年，威尔士人理查德·罗伯茨（Richard Roberts）发明了更易于操作的"自动骡机"，他本人也凭借此项发明跻身 19 世纪最具名望的工程师之列。该产品广受工厂主欢迎。堪称 19 世纪管理学理论家的安德鲁·尤尔（Andrew Ure）曾表示："自动骡机对普通骡机的取代导致多数纺纱男工遭到解雇，而少年工人和儿童工人则被保留了下来。"卡尔·马克思在《资本论》中引述了尤尔的观点，宣称"劳动资料扼杀工人"。骡机成了科技威胁论的象征，持此观点者认为，新技术将导致工作岗位缩减、工作环境恶化，同时只有富人群体可受益于此。

然而，与马克思所预料的不同，成年骡机工非但没有被低技术童工取代，反而迎来了更好的发展。经济史学家威廉拉·佐尼克指出，骡机工们转岗成为"看护人"，承担了纺织厂培训、管理和监督工作。随着英国纺织品贸易的扩张，此类技术岗位的数量不减反增。直到 20 世纪，兰开夏郡棉纺厂的看护人仍然属于高收入群体。

骡机工岗位的演变给我们的启示在于，科技发展未必会导致岗位缩减或薪资降低。同样，银行引入自动取款机的事例也可说明同样道理。如詹姆斯·贝森所言，美国银行机构采用机器出钞后，银行柜员数量非但没有下降，反而出现了**上升**，其原因在于，自动取款机降低了银行网点成本，使人工出钞工作减少，因此员工反而有更多时间推销金融产品，因此各家银行纷纷增设营业网点。

一个多世纪来，主流经济界一直认为，科技将会冲击就业市场，并引发社会危机。记者路易斯·安斯洛（Louis Anslow）收集了大量相关新闻报道，最早的可追溯至19世纪20年代，内容包括爱因斯坦在演讲中将机器斥为大萧条的罪魁祸首，以及在玛格丽特·撒切尔之前担任英国首相的詹姆斯·卡拉汉要求唐宁街官员评估自动化对就业岗位构成的威胁。[2]

从上文可知，尽管科技可能会对就业岗位造成威胁，并催生不平等问题，但是现实情况也未必一贯如此。

第二种有悖于不平等主流解释的现象是皮凯蒂的研究发现，即**薪资不平等的加剧高度集中于**顶端收入人群。起初有观点认为，美国高技能劳动者和低技能劳动者间收入差距扩大的原因在于"技能偏向型技术进步"，但是从2000年前后开始，这一差距不再继续扩大。此后，收入差距的大幅扩大主要集中于收入最高的1%群体。参见图5.3。

不难想象，发达国家的低技能劳动者如果缺乏计算机技能，或其岗位受到国外同行竞争的威胁，那么这些变化可能会使他们损失惨重，与此同时，只有极富者可从中受益，但是这一点并不像前者那样显著分明。

部分极富者的财富增长可归功于采用新的技术或聘用成本更低的国外劳动力，但是并不是所有人的情况都是如此。无论是硅谷大佬还是量化对冲基金巨头，新贵群体之中不乏普通企业的高管。据皮凯蒂估测，在最富的 0.1% 群体中，总裁和其他企业高管所占比例为 60% ～ 70%。

第三种令人费解的现象是**住房**对财富不平等的影响。皮凯蒂的《21世纪资本论》一书问世后不久，法国经济学家欧德朗·博奈、昂利－皮埃尔·博诺、纪尧姆·夏佩尔和艾蒂安·瓦思梅指出，美法两国财富不平等加剧的主要原因在于居民住宅的增值，同样持此观点者还包括时为麻省理工学院博士研究生的马修·荣利，他本人因批判皮凯蒂观点而为人所知。

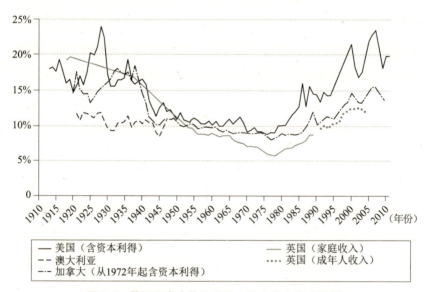

图 5.3　英语国家中收入居前 1% 者收入所占比例
来源：Alvaredo et al. 2013.

因此，如果想了解财富不平等加剧的原因，首先应了解房产价值急剧增长的原因，这一趋势的成因显然既非科技发展和全球化兴起，也非单纯的日积月累。

最后一种令人费解的现象是企业间的薪资差距也同样推动了收入不平等。直到近年，经济学界才开始研究分析了大量的新增雇主和雇员数据集。经济学家宋杰、尼古拉斯·布鲁姆、戴维·普莱斯、法提赫·古芬恩和蒂尔·冯·瓦赫特研究了 1981 年至 2013 年间美国企业员工薪酬的变化。人们通常会认为，无论是大型国际律所，还是本土律所，经理人和清洁工之间薪资差距加大的现象普遍存在，但事实并非如此：领先企业的经理人和清洁工所获得的薪酬仍然高于其他企业同工种的薪酬水平。在不同工种薪资差距依然持续扩大的同时，领先企业同其他企业的薪资差距也在不断扩大。研究者们发现，"1981 年至 2013 年期间薪酬不平等的增幅 2/3 以上可归因于企业间的收入差距，仅有 1/3 可归因于企业内部的收入差距"（研究者指出了一种例外情形，即大型企业的首席执行官和高管的薪资会高出很多，这似乎和企业的股价存在一定关联——这一点也屡屡为研究证实）。

无形资产如何影响收入、财富和尊重的不平等

新技术的兴起、全球化的发展和单纯的财富累积都无法完全解释发达国家不平等现象的程度和类型，那么，无形资产投资的兴起是否可为此提供部分答案？我们先来分析无形经济可能会在哪些方面造成不平等的加剧。

无形资产、企业与收入不平等

首先我们要思考的是，无形资产的兴起如何加剧了企业差距导致的收入不平等。如第 3 章所述，无形资产具有扩展性和外溢性，可以预见，无形资产占据重要地位的经济体系可催生出领先企业，这些企业坐拥高价值、可扩展的无形资产，并且善于吸纳其他企业的投资外溢，这些企业生产率颇高、利润丰厚，而竞争对手则纷纷败退，无力与之抗衡。

如第 5 章所言，情况的确如此。头部企业和尾部企业的业绩差距拉大似乎出现在了无形资产密集的行业。表面上看这是导致不平等加剧的主要原因。但是我们需要更加谨慎地思考分析。赢利能力强的企业未必会向清洁工支付高额的薪酬，因为如果清洁工要求涨薪，企业完全可以另雇他人。因此，如果公司业绩差距的拉大和薪酬不平等加剧存在相关性的话，那么必定还会有其他因素的影响。

无形资产催生的企业不平等：谁会受益？

如想得到这一问题的答案，我们先来思考另一问题：随着公司业绩差距的不断拉大，哪些群体会从中受益？

经济学家舍温·罗森认为，"超级明星"是其中的一个受益群体：他们本身就拥有极具价值、易于扩展的无形资产。多数情况下，一人的工作可由他人或多人完成（例如，即便汉堡快餐店的一位服务员手脚十分麻利，但两位干活稍慢的同事也同样可完成其工作），但超级明星市场的情况则与此完全不同：顶级的歌剧演员或足球运动员绝不是两位技逊一筹的同行能够替代的。随着科技（广播技术等）的发展扩大了此类劳动者的影响范围，其收入水平也得到了大幅的提高。从无形资产的角度审视，超级巨星拥有高价值、可扩展、高回报的独特无形资产。部分情况下，他们的无形资产直接体现为所有权，如科技行业亿万富翁在其所创企业中持有大量股份，部分情形下则体现为超级巨星是无形资产的独创者，如 J.K. 罗琳之于《哈利·波特》。然而，大多数富人既不是明星，也不是科技企业家，极富群体中相当一部分人只是企业高管。那么，又是哪些因素导致了这一维度的不平等变本加厉？

研究企业间不平等问题的相关著述可为此提供些许线索。如上文所提及，宋杰等人的论文巧妙地分析了员工入职高薪企业或低薪企业之后的薪资变化，借此阐释了全球企业间薪酬分化现象背后的原因。

研究者寻求依据佐证"低薪人士在加入高薪企业后可获得大幅涨薪"。如若事实果真如此，则说明企业本身才是最为关键的因素：它们如同一台台印钞机，企业员工有幸坐享其利（了解新兴国家国有石油天然气企业的人对此不会陌生），但实际情况并非如此：研究者发现，加入高薪企业者在加入之前就已薪资不菲（研究者们将这一现象称为"甄选"），反之亦然。这一趋势在 1980 年至 2008 年期间尤为显著。

宋杰的研究并未指明高薪企业所聘员工的类型。而瑞典经济学家克里斯蒂娜·哈坎森、埃里克·林奎斯特和乔纳斯·弗拉科斯对瑞典劳动者的类似观察研究可为此提供一些依据。（对于研究人员而言）颇为幸运的是，瑞典服役青年需要参加标准化测试，以对其认知和非认知技能进行评估，此外，斯堪的纳维亚诸国还将优质员工的数据和雇主数据编制成册，这些信息对于劳动经济学家而言颇为宝贵。哈坎森的研究表明，高薪企业所聘人士在认知技能和非认知技能测试中也同样表现良好。

那么这对不平等现象会有怎样的影响？似乎高薪企业在员工的甄选过程中颇为仔细。我们认为，企业的员工甄选同无形资产存在两种关联：首先，它是企业在无形资产日益重要的背景下所采取的应对之策；其次，无形资产（至少是某种类型的无形资产）的兴起使其成为可能。下文将对此进行逐一分析。

员工甄选：符号分析师的回归

如第 3 章所言，**争议性**是无形资产的一大特征，企业常常会争夺无形资产的使用权，并充分利用其协同效应，而有形资产则较少存在这一情形。无形资产的这一特性导致特定类型员工可帮助企业充分地利用无形资产，而这些员工对企业而言也变得尤为重要。

为了阐明这一点，让我们穿梭回世纪之交的 1900 年前后。此时的英国正值维多利亚时代后期，约有 1/4 的企业聘请了两院议员加入董事会。得益于英国企业档案的记载颇为详尽，如今的历史学家能够较为详细地了解这些精英董事的身份，以及他们为企业做了什么。经济史学家法比奥·布拉吉翁和林登·摩尔研究了 1900 年前后为期十年的时间段内 467 家上市公司的档案，希望借此了解企业聘请具有一定政界人脉和社会人脉的人士担任董事可为企业带来怎样的效益。研究表明，多数企业并未因此获得显著的优势——从股价涨幅、融资类型、募资规模及其他业绩衡量指标来看，精英董事坐镇的企业的平均业绩同其他公司相比并无太大差别。

而邀请两院议员加入董事会确为一类企业带来了显著优势——此举使得彼时从事于合成化工、汽摩制造、发电配电等新兴技术的企业深受其益。布拉吉翁和摩尔的研究揭示了政界精英坐镇可推动新科技公司股价上涨，如若董事当选议员甚至可引发股价跳涨，此外，这些企业寻求融资也较为容易。

显然，如果企业所涉足的行业面临着种种不确定性，如需要研发新技术、开拓新市场，那么人脉通达的董事则可协助企业应对不利于无形资产投资的部分问题，包括权属不清、估值困难，以及维护同广大潜在合作商的关系。

邀议员坐镇董事会既可帮助企业获得自家投资收益（议员利用其影响力能帮助企业有效行使其专利权），又能向投资者们展示企业能够很好地行使权益。

这些议员之所以能够出任新科技企业董事，并不是因为他们是技术专家，而是因为新科技企业通常颇为依赖无形资产（研发投资、组织投资和品宣投资帮助企业将新产品推向市场），而由于这些无形资产具有争议性，因此企业邀请政界精英入董的做法有助于降低这些不确定性，并提振投资者的信心。

在如今，有一个群体同布拉吉翁和摩尔所研究的维多利亚时代精英董事颇为类似。早在 20 世纪 90 年代初期，无形资产投资刚刚兴起，在规模上尚未压倒有形资产投资，彼时的经济学界已经注意到了经济体系的种种变化。后担任美国劳工部部长的罗伯特·赖克曾在当时预言，产品经理、律师、商务拓展专员、设计工程师、市场营销人员和猎头顾问等人员将会成为未来劳动者中颇具影响力的群体——赖克称之为"符号分析师"（symbolic analyst）。同哈坎森研究中的瑞典高薪劳动者颇为相似，他们是接受过良好教育，并且兼具非认知技能（因为外溢管理通常需要社会交流）和认知技能（因为无形资产往往也是知识资产）的聪慧人士。

如果对一些行业内的公司进行调查，便可发现调查结果的确可以印证上述观点。英国国家科技艺术基金会（NESTA）针对数据应用和分析较为密集的企业开展了定性研究，其结果显示，企业尤为青睐的员工不仅精于数据分析，还兼具拓展内外人脉所需要的软性技能。

由此可知，无形资产的兴起同收入不平等的加剧具有显著关联。由于无形资产投资具有扩展性，并且能够惠及善于吸纳外溢的企业，因此其增长可导致领先企业和滞后企业间生产率差距的扩大，在无形资产较为密集的行业中情况更是如此。高生产率企业的员工可获取较高的薪资。由于无形资产具有争议性，因此企业尤其青睐善于竞逐无形资产（或善于吸纳其他企业的外溢，或善于甄别协同效应，并实现协同效应最大化）的员工。他们包括赖克提出的符号分析师、布拉吉翁和摩尔研究的政界精英，以及哈坎森笔下聪慧过人的入伍青年：他们原本就已经薪资不菲，而随着经济体系中可扩展的无形资产变得日益重要，他们将有可能赚取更高的薪酬。

员工甄选：无形资产与员工筛选

无形资产导致收入不平等加剧的第二种方式是推动企业间及企业内层级的出现。

经济学家路易斯·加里卡诺和托马斯·哈伯德研究了 1977 年至 1992 年间美国律师的薪资数据。他们发现顶薪律师薪酬大幅上升（并在此后延续了二十年），涨薪的原因尤其令人关注。其收入增长可归功于更多初级律师同其协作。援引论文原话，此举降低了"层级生产的协调成本"。顶级律师们投资打造了新型的分工模式，并借此加强了他们的"杠杆优势"，从而得以专注于处理纷繁复杂、报酬丰厚的业务事项。

这类趋势的出现可归因于无形资产投资（尤其是流向组织发展、软件，乃至服务设计的无形资产投资），其范围涉及设计工作新模式、发展企业内部层级，以及引进软件和系统辅助企业管理。

管理咨询业也存在类似情形。如第 3 章所述，咨询行业在 20 世纪五六十年代推出了新型的组织创新模式，之后项目可交由初级咨询顾问负责，只需辅之以少数几位高薪合伙人。此后，更为深入的组织创新进一步推动了管理咨询业的分工。在 20 世纪 80 年代，麦肯锡咨询师通常在接手项目后会先花费数周进行数据收集，以了解市场规模、市场份额、顾客群体情况，此后再提供战略咨询建议，因此项目耗时更久。在 21 世纪最初十年，市场规模估算工作外包给了专业市场情报公司——这些企业编制的详细报告和预测覆盖数十个行业领域，它们将这些报告以一定价格出售给咨询企业和银行机构，而咨询企业则投资设立专门负责报告的订购和甄选的知识管理部门。市场情报分析报告领域的竞争颇为激烈，其价格很快出现跌落，远远低于咨询业对其的市场规模估算。

加里卡诺和哈伯德讨论的制度创新导致了管理咨询企业的不平等，行业分化形成了服务成本不同、员工类型各异的企业——这一分化也正是宋杰等人在研究美国企业的过程中所发现的现象。

有关无形资产的谬论

我们目前已分析的无形资产投资增长对收入不平等造成的影响在某种意义上是合乎理性的。它们表明了在无形资产密集的经济体系下，一些员工能够发挥更大的作用，因此获得较高的薪资待遇也在情理之中，部分员工能够发挥更大作用的原因则是无形经济进一步推动了劳动分工。

但这些影响或许也存在非理性因素的作用。宋杰和其他研究者指出，随着企业间不平等的不断加剧，大企业内部薪酬最高的员工之间的不平等也出现了加剧，这一点在首席执行官与其他高薪员工之间尤为显著，而首席执行官的高薪酬似乎同企业的业绩关联不大。这又是为什么？

一种可能性是，经济体系中的大规模无形资产导致了不确定性的提升，企业也需要依靠人才在不确定性环境中谋求发展，于是人才崇拜的土壤便形成了，而企业高管们也得以借机索要更高的薪酬。

正如经济记者克里斯·迪洛[3]所言，人们极容易犯下心理学上的"基本归因错误"——错误地将结果（公司业绩等）归功于显性投入（首席执行官的技能等），却忽视了运气成分和复杂隐性因素的作用。随着无形资产投资规模的不断扩大，善于管理的经理人将会发挥更为重要的作用，这可能又会造成基本归因错误的变本加厉，而首席执行官等强势群体也得以借势提出涨薪诉求——但是从经济的基本面角度来看，他们的涨薪幅度已经超出了合理的范围。

最后一种可能性是：股东们对首席执行官薪酬问题并未给予足够关注。布赖恩·贝尔和约翰·范·雷南提出了一些有趣的证据，表明了企业股权集中程度越高（研究以机构投资者为样本），则首席执行官薪酬与其绩效的关联度越高。也许在股权分散的企业中，股东缺乏动力监督首席执行官薪酬。我们将在第 7 章探讨这一问题。

住房价格、城市、无形资产和财富不平等

皮凯蒂的《21 世纪资本论》一书可谓成果丰硕，其中的一大成就在于让权威专家和政策制定者们意识到了不平等不仅仅是收入上的不平等，同样也包括财富上的不平等。

我们认为，无形经济的兴起有助于解释财富不平等和收入不平等的长期加剧，这主要体现在两个方面：其一，无形资产推动了房价上涨，这解释了全球最富群体财富增长的很大一部分来源；其二，由于无形资本的流动往往不会受到地理位置的限制，因此，各国政府如今难以再次采取 20 世纪 50 年代至 70 年代使用过的策略，即通过税收手段对财富进行重新分配。

首先来分析房价因素。自不待言，房屋或公寓均为典型的有形资产。"不动产"之所以得名，正因为它是一种不动的资产。但是，房价的上涨（尤其是过去三十年中房价的飙升）却在很大程度上源自无形资产的驱动。

如前文所言，研究皮凯蒂著作的评论人士认为，美国最富群体财富的增值中相当一部分（以及法国最富群体的全部财富增值）源自房价上涨。荣利指出，其原因并非在于富人群体购入了更多房产，而在于过去三十年间他们已拥有的房屋和公寓经历了稳定的大幅增值。

而房价通胀的分布并不均匀。图 5.4 和图 5.5 分别列举了美国部分城市和英国各个地区的房价水平。从中可以看出，部分地区住房的实际

价格增长了不止一倍，而其他地区的房价则大体维持了原有的价格水平。

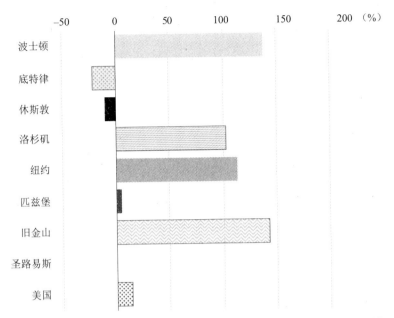

图 5.4　1980 年第一季度至 2015 年第二季度美国部分城市实际房价涨幅
来源：美国劳工统计局和《经济学人》杂志。

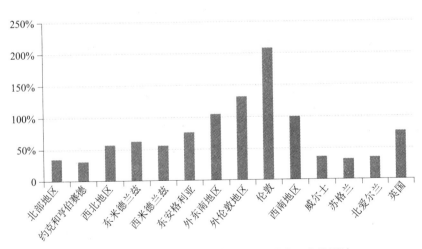

图 5.5　1973 年至 2016 年间英国各地实际房价增速
来源：英国国家统计局。

房价飙升的城市往往也是经济繁荣发展的城市，并且在这些地方修建新住宅通常会较为困难。但是这种解释只会引发更进一步的疑问：为什么这些城市能够实现经济的繁荣发展？

经济学家爱德华·格莱泽在城市经济增长模式研究领域颇有建树，我们可以从他的研究中寻找答案。人们早已知道，城市可产生大量外溢效应。密集的城市人口促成了创意的交流、发现和借鉴。起初，经济学界关注的只是行业内的外溢效应，即第3章所讨论的"马歇尔－阿罗－罗默外溢"，格莱泽的研究则强调了另一个重要的效应——行业之间的正向外溢，他指出此类外溢对蓬勃发展的美国城市（纽约等）更为重要——在这些地区，创意和机遇在行业间的流动颇为频繁。格莱泽以胸衣的发明为例，指出其发明者不是内衣商，而是制衣商。

实际上，如今依托单一产业的城市（俄亥俄州制造钢铁的扬斯敦市、制造轮胎的阿克伦市，以及最著名的"汽车城"底特律）在发展上往往落后于多产业并举的城市。格莱泽将其称为"雅各布斯外溢效应"，借以致敬为杂乱无章的城市辩护的城市主义者简·雅各布斯。

这一效应的影响依然势头不减。克里斯·福曼、阿维·戈德法布和谢恩·格林斯坦近年著文指出，旧金山湾区在过去几十年中已发展为日益重要的创新之地：除了其软件和半导体产业中不断涌现发明创造，其他多个领域同样也硕果颇丰。事实上，即便不计入 IT 行业，湾区依然是重要的专利出产地。

格莱泽的城市外溢模型完全同第3章讨论的无形资产特性相契合。居住在城市里的人们有机会获得外溢（享受其他企业无形资产投资的便利）和协同（无形资产经配置组合后形成超出预期的效益）之利。由此来看，城市对创意阶层具有相当大的吸引力也不会让人感到意外。

随着经济体系中无形资产的规模与日俱增，无形资产作为企业创造价值的手段也随之变得更为重要，企业如果能够充分地利用外溢和协同则可坐收更高的效益；可以预见，随着这些效益的日渐增加，企业和员工将会更愿意迁往多产业并举、发展较快的城市。可能出现的结果是，这将会促使人们在大城市兴建更多数量的住宅和办公用房，但由于在多数城市中，修建房屋会遭遇重重监管壁垒（分区法规、邻避诉讼等），因而住房价格往往会升高。皮凯蒂指出，由于富人通常拥有优质房产，因此房价上涨会造成富者更富的结果。

税收、流动的无形资产与财富不平等

在皮凯蒂看来，造成财富不平等加剧的原因还包括政府部门对资本征税的意愿显著降低，而无形资产的日益重要是造成这一现象的一个原因。皮凯蒂认为，在战后的几十年间，税收再分配（以及较高的通胀水平）侵蚀了富人的财富积累，然而自1980年以来，各国政府在这一问题上开始变得犹豫不定。

政府之所以无意推行税收再分配政策，理念的变化诚然是其中的一个因素，而无形资产的兴起对此亦有影响。

自20世纪90年代以来，美英等国的资本利得税率均低于收入所得税率。这是个颇为棘手的政治问题，尤其是因为富人群体多为资本的所有者，因此往往是资本利得的受益者。资本利得税率较低的原因在于资本具有较强的流动性：很多经济研究表明，提高税率会导致资本所有者将资本转至税率较低的税收管辖区。而就业收入则不具备类似流动特性，或者至少可以说其流动不具备同等规模，原因在于多数人的工作地点较为固定，因此转移较难实现。故而，尽管从再分配角度而言，政府征收的资本利得税应当高于就业所得税（20世纪五六十年代，多国政府曾对"非劳动所得"及类似收入单独征税），但大多数政府认为不可能做到这一点，原因在于资本具有极强的流动特性。[4]

再来思考无形资产的兴起产生的影响。在现今时代，普通企业投资无形资产的规模远远高于 20 世纪 90 年代的投资水平。整体来看，相较于有形资产，无形资产的流动性更高。将位于英国的实体炼油厂迁往荷兰是一项浩大的工程，除非此举绝对必要，否则多数企业不会贸然做出这一选择。而星巴克则能够轻松地将英国门店的品牌所有权或知识产权转移至荷兰、爱尔兰或卢森堡，并且这一过程也不会产生大量法律工作。

这将会导致政策制定者所说的"税收竞争"问题变本加厉：企业和资本所有者将会寻求迁往税收政策最为优惠的地区。税收竞争加大了政府增税的难度，并使最初压低资本税的问题更为严重。

综上所述，无形资产投资的兴起可以从两个方面解释财富不平等现象。一方面，企业纷纷涌向城市，以获得无形资产的外溢和协同，城市优质房产的价格因而被拉高，这也是极富群体财富增值的主要驱动因素；另一方面，无形资产所具有的高度跨国流动性可引起税收竞争的加剧，导致各国政府更加难以通过提高资本税的手段解决不平等问题。

开放性、掉队群体、无形资产与尊重不平等

本章开篇部分所提到的尊重不平等既是一种社会现象、态度，也是一种经济现象。在美、英及其他欧洲国家，尊重不平等已在社会中变得日趋普遍，人们逐渐意识到社会被划分为两个群体：一派是教育程度更高、思想更为开明的世界主义者，另一派则为怀疑精英舆论和城市价值的传统主义者。

这一分化在政治领域产生了显著的影响。特朗普、英国脱欧及欧洲新兴民粹政党的支持者们有一个共同的感受：价值相左、态度倨傲的本国精英正逐渐疏离他们。

有人将这些群体遭到疏离的原因归咎于其经济状况不佳，但是英国

脱欧公投的相关证据则可表明：除了经济因素之外，其中还存在其他因素的作用。

政治学者埃里克·考夫曼认为，有助于预测选民支持脱欧还是留欧的因素既非阶层，也非财富，而是社会保守主义以及他们对威权主义的态度。用考夫曼的话说："文化和人格，而非物质环境，将选民划分为脱欧选民和留欧选民。与其说它是一场阶层冲突，不如说它是一道跨越了年龄、收入、教育甚至党派的价值认知鸿沟。"考夫曼称，脱欧选民在其他问题上同样秉持着社会保守主义观点，如支持体刑。阿什克罗夫特勋爵（Lord Ashcroft）的民意调查也印证了这一结论。

心理学家巴斯蒂安·耶格尔[5]研究了支持"留欧"的地区同心理特征之间的关联性。在心理学上用以描述人格类型的五大心理特质当中，耶格尔研究了同世界主义和对新事物的兴趣相关的"体验开放度"。如图 5.6 所示，体验开放者通常会投票支持留欧，而传统主义者则往往会选择支持脱欧，其选择同收入多寡或所处阶层并无关联。

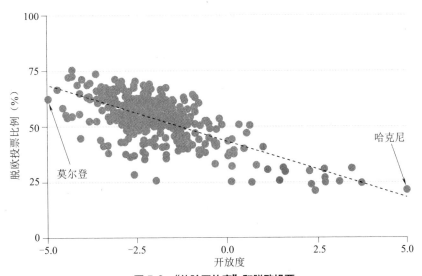

图 5.6 "体验开放度"和脱欧投票

来源：巴斯蒂安·耶格尔研究结果。

那么，伴随经济体系中无形资产规模的扩大和重要性的提升，哪些群体将会从中受益？我们知道，在无形经济体系下，吸纳投资外溢、利用协同效应的能力将会备受重视，而心理学研究表明，开放性人格者对此更为擅长，原因或在于他们更擅长对接创意、促成交流，而爱德华·格莱泽和简·雅各布斯将此类对接视为催生当今城市经济奇迹的重要因素。或许，对创意的开放性态度是创造、创新的必备条件（有证据表明，开放性人格者适合从事创新、创造类的工作）。

上述观点从一个新的角度解释了特朗普当选、英国脱欧及类似运动的支持者和反对者间分化的加剧。支持者们通常有着某种相同的态度，如传统主义倾向和心理开放程度较低，而随着经济体系中无形资产的重要性日渐提高，同其心理特征和价值体系相异的另一个群体变得备受青睐。英国脱欧和特朗普当选背后的文化致因加深源自经济致因的推动，而这些经济致因的出现又源自无形经济的兴起。

小结：无形经济对不平等的影响

我们已经讨论过，无形资产的兴起可解释不平等长期加剧的部分情形。

首先来看收入不平等。无形资产的协同效应和外溢效应加剧了竞争企业间的不平等，继而导致员工薪酬差距的扩大（近年有研究表明，收入不平等的扩大很大一部分源自企业间的收入差距）。此外，无形资产的管理对技能和教育有一定要求，因此导致了相关技能人士（赖克所说的"符号分析师"等）逐渐占据了无形资产密集型企业的高薪岗位。再者，由于无形资产管理者在经济中的地位不断提高，一些谬论也随之滋生，无形资产管理者（尤其是顶尖经理人）也以此为由索取过高薪酬。

其次再来讨论财富的不平等。蓬勃发展的城市中外溢和协同规模较大。随着无形资产的逐渐兴起，城市的吸引力也与日俱增，继而推动了优质房产价格的上涨；已有研究证实，此类通胀是导致富人财富增值的一大因素。此外，具有流动特性的无形资产可跨企业转移、跨国转移，资本流动的加剧又会提升政府对资本征税的难度。由于资本的所有者绝大多数为富人，因此政府部门很难通过税收再分配的方式解决财富不平等问题。

最后再来分析尊重不平等。有证据表明，民粹运动（英国脱欧、特朗普当选美国总统等）的支持者多为体验开放度较低的传统派人士，而随着无形资产日趋普遍，大量适宜于体验开放度较高者的符号分析工作将会不断涌现。所以说，无形资产兴起催生的经济压力凸显了政治上的分化，政治分化又导致了民粹运动的抬头。

6 "距离的消亡"
炒作与预言落空

普遍认为，基础设施投资不当阻碍了经济的增长。这一观点在美英两国尤为盛行。本章将讨论，随着经济体系日趋依赖于无形资产投资，基础设施的论辩将会出现怎样的变化。无形资产密集型经济体系需要各类有形基础设施，更需要无形基础设施：企业投资无形资产所依循的标准、规则和规范。

基础设施可以算得上最典型的有形资产。桥梁、高速公路、发电站和水利大坝等庞然大物赫然而立，令人无法忽视。现今时代经济体系的运转离不开遍布全球、数十亿吨重的有形基础设施，如钢铁、混凝土、铜和光纤，因此经济学界和政界对其颇为关注：基础设施匮乏、陈旧的话题屡屡成为公共论辩的议题，这一现象在盎格鲁－撒克逊世界①尤为普遍。

本章将探讨对于无形资产密集型经济尤为重要的基础设施类型，并

①指盎格鲁－撒克逊文明国家，比如英国、美国、加拿大、澳大利亚和新西兰。——译者注

分析有形的实体基础设施和无形的基础设施——辅助经济运行的规则、规范和流程。

基础设施的定义

任何时代的基础设施都同其时主导经济的生产模式密切相关。顾名思义，"基础设施"即为社会运行所需的基础性设施。我们可将其视为同企业和家庭所用资本互补的可存续资产。例如，由于企业和消费者需要用到大量电子设备，因此电网的作用颇为重要，同样，由于在交通运输中轿车和卡车占据着主导地位，因此加油站和高速公路也大有用途。有的基础设施为公共所有（高速公路等），有的则为企业所有（私人机场或私人电话线缆等），但无论归谁所有，基础设施都带有公共性质，即可促成个人或企业的经济活动。

由此特性可知，社会对基础设施的需求也会随经济生产模式和资本存量的变化而改变。由运河船舶和马车组成的经济体系需要运河和驿站，而由电机和汽车组成的经济体系则需要电网和加油站。[1]

如果从无形资产投资的角度思考，我们还可以想到另一种类型的基础设施。政治论辩中的"基础设施"一词往往指代桥梁、道路和机场，但除此之外，它还可指代无形物——规则、规范、常识和制度。与有形基础设施相似，无形基础设施成本高、存续时间久，往往具有公共性和社会性，并可提高整体经济的生产率水平。

炒作与预言落空

持乌托邦论调的知识经济论著不乏这样的观点：无形资产投资的增长会引起经济所需基础设施的急剧变化，这一观点在 1998 年至 2000

年互联网泡沫破裂前夕尤为盛行。评论人士断言将会出现"距离的消亡"——知识与数字技术的结合使得人们不再囿于空间和地点的约束，而破除这一约束也是多数基础设施存在的意义。随着电信基础设施投资日渐受到重视，企业也竞相抢购 3G 移动频谱牌照，这催生了美国电信业的泡沫，并为 2001 年电信产业的崩溃埋下了祸患的种子。

事实上，传统的实体基础设施并未被淘汰。科学史学者戴维·艾杰顿认为，即便在当今时代，从灌溉沟渠到瓦楞铁屋顶等各色老式基础设施仍旧发挥着重要作用。环境科学家瓦茨拉夫·斯米尔表示，时至今日，以 20 世纪早期技术为基础的基础设施仍然对社会的方方面面（从食品体系到能源体系）颇为重要。无论无形资产投资如何发展，能源投资、客运投资都会继续发挥重要的作用。[2] 杰斯·加斯帕尔和爱德华·格莱泽认为，相较于其出现之初，"距离的消亡"已经变得更为复杂：信息技术的发展使得一些类型的会面已无必要，而另外一些类型的会面又为人所需，由于城市中相互会面较为容易，城市的居住价值也随之提高。与此类似，在 19 世纪初期，被称为"铁马"的蒸汽机车并未取代马匹，甚至并没有减少人们的用马需求。实际上，铁路时代的用马需求不降反升——在第一条蒸汽机车铁路开通 80 年后的 1910 年，美国甚至还一度出现了"用马高峰"。

尽管早期围绕无形经济、知识经济的部分观点确为炒作，但这并不代表社会所需要的基础设施一成不变。创新学者卡洛塔·佩雷斯提出了一个备受争议的观点，他认为经济体系中技术应用模式的划时代变革具有周期性，在其间隔阶段，炒作和投机（智识和金融两个维度上的投机）首先出现，随后危机接踵而来，此后则进入了长期的应用和适配阶段。再回想上文中讨论的铁路发展案例，淘汰掉马匹的并不是蒸汽机车，而是随之而来的技术变革——汽车。由此可知，尽管在 2000 年前后逐渐兴起的"距离的消亡"的预言最终未能实现，但这并不代表该论断全然谬误，它标志着新技术的应用、检视和研发从早期的蓬勃发展转入了精工细作的阶段，在这一过程中，传统基础设施和新型科学技术同时存在，前者并未被后者取而代之。

由此可知，随着无形资产投资规模的扩大，特定类型的基础设施也会随之变得更为重要，可充分利用无形资产特性（扩展效应、沉没效应、外溢效应和协同效应）的基础设施也将发挥更为显著的作用。

本章余文将探讨哪些类型的基础设施有利于推动无形资产密集型经济的运行。我们将逐一审视实体的基础设施、体现为公共无形资产投资及企业无形资产投资的基础设施，以及最为广义的基础设施——标准、规范和框架。

实体基础设施、协同效应与外溢效应

如前文所言，无形资产投资可产生投资外溢，并且，配置得当的无形资产投资组合可产生超出预期的高价值投资协同。个人和组织如果能够（通过利用他人投资外溢、发现新创意间的协同）充分地利用无形资产的特性，则必将大获其益。在此过程中，基础设施可起到一定辅助作用，尤其体现为可提高无形资产对接的数量和质量。以传统基础设施为例，枢纽机场实际上早已知道外溢效应的存在——如果机场通航线路较多，则其访问量也会随之提高。

如想实现这一点，一种途径是打造或培育充满活力的创新产业集群，吸引创新企业、创新人才汇聚于此进行创意交流。如第3章所言，经济理论界历来认为集群能够发挥重要的作用，但是这种作用带有一定的间或性。持这一观点的代表人物包括阿尔弗雷德·马歇尔、肯尼思·艾罗、保罗·罗默和爱德华·格莱泽。

产业集群也备受政策制定者和权威专家的青睐。在现今时代，绝大多数政府都乐于制定扶持或打造本地产业集群，特别是创新产业集群的战略规划。（全球分布着几十处以"硅"命名、致敬硅谷的科技集群，包括伦敦的硅岛、以色列的硅溪，以及全球各地涌现的目标远大、名称相似的科技集群。）集群政策之所以广受欢迎，部分原因可归结为硅谷和以色列的科技产业成就斐然、声名远播——哪位政治家不希望自己的国家成为科技革命的领跑者？集群政策同样可使政府自身受益：担心被指责"过分干预市场"的政府可以辩称相关举措只是为了推动现有产业集群的发展，而不是为了从无到有地打造新的集群，如果政府无力，或无意斥资推动集群发展，道义劝告，以及高成本效益的社交活动也不失为有效策略。迈克尔·波特和理查德·佛罗里达等评论人士强调，各类产业集群对经济增长起到了重要的作用，因此，过去三十年来这些论著在政策圈颇受青睐。低投入、低干预的产业集群政策的负面效应在于其成效难以评估：如想评估政府补助、税收优惠和基础设施投资的经济效果，尚有缜密的方法体系可循，但如想评估围绕现有产业集群发展而设计的精妙政策，则很难验证政策本身的效果。（套用硅谷的行话说，一些政策制定者将此视为产业集群政策的一个"特性"，而不是"漏洞"。）[3]

集群政策的发展已有数十年的历史，冒着诋毁这一政策的风险，我们指出：在产业集群更为重要的时代，两类基础设施将会发挥举足轻重的作用。

第一类基础设施是现有集群的经济适用型住宅和办公用房。2016年8月，凯特·唐宁辞去了帕洛阿尔托市规划和交通委员一职，她表示，这座地处硅谷中心地带的低层建筑密集型城市居住成本高昂，令她和伴侣无力承担。这对夫妇可不是低收入人群，唐宁是一位律师，她的丈夫则是软件工程师。[4]如第5章所言，过去四十年中发展较快的城市的住房价格也节节攀升，其中的一个原因在于，在全球最为繁华的城市里修建住宅和办公用房需投入高额资金和大量时间。其中部分成本的上涨源于安全作业、减少干扰的需要——也就是说，修造新房的部分成本由建筑商所负担，这倒也合乎情理。

修造新房的另一部分成本则源于存量房的业主们极尽所能地确保其房产能够保值或增值。以帕洛阿尔托小城为例，该城位于全球最负盛名的科技集群的中心地带，故而在此兴建新宅必然可吸引大量购房者蜂拥而至；尽管如此，本地房主却通过诉诸规划法律，保留了帕洛阿尔托的郊区城市特色——单、双层花园式住宅遍布其间（因此该地区房价不菲）。如果城市政策法规能够加快建设速度、降低建设成本，那么住宅和办公用房的供给便会提高，而住宅和办公用房正是城市充分利用无形资产投资所需要的基础设施。

但如果城市中只有清一色的公寓楼和办公楼，恐怕未免过于单调乏味——在无形经济时代这也会产生一定的经济影响。对无形资产投资颇为重要的第二类城市基础设施是人们聚会、交流的场所。本书的一位作者曾参加过一档广播节目的录制，节目讨论的是脱欧公投中的各方政治立场。该节目主持人曾前往位于伦敦市中心的多元化地区兰贝斯采访了公投选民，他在节目中顺带提到了一个奇怪的现象，他所造访的企业几乎都兼营咖啡生意。事实上这并不足为奇，自从17世纪伦敦出现咖啡馆以来，社交场所成了推动创意汇聚的重要地点。文化艺术场所更是在无形资产投资的酝酿发酵中扮演了独特的角色。英国国家科技艺术基金会发布的研究表明，创意组织、创意机构密集的地区的创新产出规模普遍较大。中性空间是培育组合式创新的温床，而富有艺术气息或创意氛围的中性空间或许更是如此。

但是这也会让政策制定者陷入两难境地：放松建筑监管可提高住宅和办公用房的供应，如其他条件相同，则有助于推动产业集群发展壮大，但是宽松的建筑法规也会造成意料之外的后果。在过去十年当中，类似伦敦卡姆登地区黑帽酒吧（Black Cap pub）的变迁屡屡在发达国家的大型城市上演。很多年来，黑帽酒吧是伦敦同性文化的中心，此外，其艺术地位亦不可小觑——它在现代卡巴莱表演的发展过程中起到了重要的作用。且不论其文化和历史意义，仅仅从经济角度审视，黑帽酒吧正是城市生活的协同和外溢效应放大之地。然而黑帽酒吧却于 2015 年关门停业，开始进行公寓改造。在繁华而拥堵的城市中，相较于花钱买酒水或支付卡巴莱酒吧入场费，人们更愿意斥资购买豪华公寓。从整体经济角度而言，酒吧改公寓或为明智之举——毕竟很难评估一处文化场所对未来生产率增长的贡献，但是我们也不难想象，黑帽酒吧等类似场所激发的活力、促成的交流也是市场难以实现的。这又回到了城市规划者所面临的两难问题：如何放松监管，从而防止邻避人士阻挠发展无形经济所需的房屋修建，同时又不会意外地造成最初推动城市发展为高效集群的场所和机构被迫关闭？

如果政策制定者想通过扶持城市集群的方式鼓励无形资产投资的发展，他们将会面临另一重挑战：应该从什么时候开始优先满足新兴集群（而不是成熟集群）的需求，以及哪些偏见会对这一决定造成影响。在英国等地，政治决策权高度集中于发达地区，而这导致问题更加复杂化。如果一国的首都恰巧也是经济发达、人群熙攘的地区，则极容易导致其他地区的经济潜力遭到低估。有研究表明，英国的情况正是如此——居住在伦敦的政策制定者们普遍相信只有伦敦才富有经济潜力，在他们眼里，在其他地区投入公共资源等同于克努特大帝下令海浪掉头的徒劳之举。这一偏见极大地降低了公共部门投资其他地区的意愿，其结果是伦敦的公共部门研发投入比重高于其他地区的水平，此外，即使其他地区的交通项目的预期效益成本比更高，也难以获得公共投资的青睐，而即便伦敦地区的交通项目的预期效益成本比较低，却也仍然能够轻易获得公共投资的支持。

科技基础设施和外溢效应

读到这里，关注科技领域的读者或许会问：既然是软件和半导体改变了现今时代人们的沟通方式，为什么本章对网络构建、创意交流的讨论却着重于面对面交流的基础设施？ 2001 年电信泡沫的假设依据是：人们将会很快通过光纤和移动数据进行交流，并摒弃"现实空间"，投身"网络空间"。

诚然，在现今乃至将来，电信基础设施将会在推动整体经济发展、促成有助于激发无形资产投资效用的社会交流方面发挥重要的作用。随着光纤电缆、4G 和 5G 手机基站的接连问世，以及互联芯片在越来越多的设备上得到应用，人们终将得以更好地进行交流。

然而，有两个因素可能颠覆电信基础设施投资、连通度投资和生产率之间的关系。第一个因素是基础设施技术变革的速度。投资手机基站，或光学路由器不仅需考虑投资可行性，还需考虑投资时机，因为也许过段时间后，不仅投资成本会大幅降低，还可能会出现更新、更好的技术。

对于有意投资基础设施的投资者而言，第二大挑战或许更为棘手：新型技术基础设施只有同新型工作模式相结合才能发挥最大效用，否则其效用很可能无从发挥。

1990 年，经济学家保罗·戴维在研究了美国引入电力的过程之后得出结论：工厂如想充分利用电力，则需大幅调整其工作模式。蒸汽动力工厂中所有机床的动力都来自同转轴相连的传动带，而在电力得到广泛应用之后，每台机床都配有独立电机，这一变化催生了 20 世纪的工业生产线。戴维同时也发现，在美国首家中心电厂投入运营近四十年后，机械传动产能的电气化比例仅略高于 50%，此前，这一伟大创新并未显著地提高工厂的生产率。

以高带宽、全互联为特征的 21 世纪电信系统也完全有可能存在类似情形。如想为新型通信技术设计出行之有效，能够掀起经济变革的应用模式，需要投入时间、试验以及无形资产。正如许多业已面世的新型科技尚未得到普及，未来通信科技的新型应用模式或许同样如此：软件开发者使用在线工具（Slack 和 GitHub 等）进行协同编程已有数年之久；企业纷纷涉足互联网催生的新型协作模式，领域覆盖了医疗保健研究（Patientslikeme 和 23andMe 等）、企业知识产权交易〔如内森·梅尔沃德创办的高智发明公司（Intellectual Ventures）〕及数据分析（已被谷歌收购的 Kaggle 等）。科技倡导者一旦预言落空，往往会遭到冷嘲热讽——无纸办公在哪里？物联网在哪里？然而，尽管远程办公已得到广泛应用，且实践证明其行之有效，但面对面的交流依然颇为重要，这并不代表远程交流永远不可能取而代之，而是表明了这一转变较为复杂，需要时日方能实现。

在无形经济的条件下，能够促成对接、利用外溢的电信基础设施将会发挥更为重要的作用。但是，光纤、路由器、处理器和基站并不是最重要的电信基础设施——新工具及相关对接、协作模式的开发赋予了这些物品极高的价值。

在这些趋势的影响下，人与人之间，人与企业之间交流和对接变得越加重要，此外，可促成此类交流和对接的基础设施也同样变得更为重要。

标准、框架与规范

好的规则、制度和规范可促进投资，这一点早已为经济学界所知晓，而赫尔南多·德·索托的研究则表明：反之，坏的制度（具体而言，产权保护不力等）则会对发展中国家的贫困群体投资购房、创业乃至脱资产生不利影响。有限责任公司制度的发明确保了即便在企业倒闭的情况下，企业主个人资产仍归自己所有，因而能够鼓励企业投资。

正式和非正式的制度性基础设施也同样会对无形资产投资产生影响。

其中最为显而易见的类型是产权。知识产权所有者们历来认为，强有力的知识产权法律可促使企业投资于受专利、版权或商标保护的各类无形资产，原因在于，此类法律有利于减少无形资产的外溢，但是在另一方面，如果知识产权过于宽泛、过于严苛或过于模糊，又会对竞争造成阻碍，同时企业也难以利用无形资产间的协同，这反而又会抑制创新活动的长期发展。例如，莱特兄弟于1906年获得飞行控制系统专利，但由于该专利的覆盖面过于宽泛，因此被视为导致美国航空业发展停滞的阻碍因素，直到1917年，在政府的要求下，该项专利才得以纳入美国飞机制造业共享专利池。尽管对于知识产权的力度及其所涵盖知识的类型等问题各方意见不一，但有一点已经得到了普遍的认同，即确保知识产权的有效运转是投资的重要保障。

然而，影响无形资产投资的制度不光正式的知识产权一种。如前文所言，无形资产投资经组合配置后通常可产生协同效应，因此大型无形资产投资项目往往涉及多位投资人、多家企业，并且时间跨度较长，而协调、管理企业和组织间的对接也颇为复杂，制度和规范则能够帮助投资人从容以待、化繁为简。

我们以新药品的开发和上市为例对此进行分析。该过程通常涉及基础科学理论依据、药物开发以及数轮药物测试，新药品被证明安全性和药效优于现有药品后，方可上市销售——这一过程又涉及药款支付方（包括健康保险企业和政府部门）、临床医生、监管机构和伤病患者之间的复杂互动。药物开发和上市不仅需要大量资金投入，其过程本身也颇为复杂。

如想降低其复杂性，一种办法是制定一套社会普遍认同的规范和规则，阐明在特定情形出现时应采取怎样的应对措施。例如，监管机构（美国食品药品监督管理局等）规定了药物试验各阶段的目的和持续时间，以及公共机构和医疗慈善机构资助的研究类型与不在资助之列的研究类型。为药物研发提供理论基础的学术研究也需遵从学界长期使用的有关严谨性、同行评议及出版实践的相关规范。

市场的规则有助于简化药品定价和销售的复杂决策过程。多国政府及很多家保险企业都出台了关于可报销药品范围的规则。例如，英国国家卫生医疗质量标准署规定，报销范围只包含在既定价格范围内可延长患者"质量调整预期寿命"的药品。此外市场中还有一些不成文的规则：生物科技初创公司通常不愿自行筹措资金推动药品上市，而是寄希望于在首轮或数轮临床试验后被财力雄厚的制药企业收购；药物测试工作通常交由签有协议的大学实验室承担，协议约定颇为明确，生命科学行业的创业人士均可读懂；此外，生命科学企业的融资也有其特定的规则，投资人和专业服务公司也遵循着相同的规范，秉持着相同的认知。

诚然，多数这些规则承担的是狭义经济功能：药品报销限额规则保护了纳税人利益；风投行业的轮次投资规则有助于投资人进行风险管理。但是制药业的创新体系规则影响较为微妙：这些规则将高风险、高投入的药物开发化繁为简，使之成了各方（研究人员、企业家、监管机构、金融家、企业管理人员等）可控、可知的过程。创新学者保罗·南丁格尔将规范和规则称为"看不见的基础设施"，指出它们使得原本无可预知、复杂多变的过程具有了"局部可预测性"。

类似制度亦见于其他领域，其存在有利于促进企业间的互补性投资。部分制度体现为正式的信息技术协议，如构成互联网和万维网基础的互联网协议和超文本传输协议，另一部分制度或体现为社会规范，如科技初创企业风险投资的轮次和结构，或体现为公共机构设计、执行的规则，如监管体系或国际标准。

当然，有形资产投资也同样有其规则和标准：铁路有轨距标准，插座有样式标准和电压标准，而汽车有控制标准。但是由于无形资产投资极易形成协同效应，并奖励有效协作，因此在无形经济的条件下，无形基础设施将会发挥更重要的作用。无形基础设施可对接各家拥有协同性资产的企业（比如一家拥有极具市场潜力的候选药物的生物技术初创公司和一家可动用其营销资产与组织资产开展临床试验，并将药物推向市场的制药巨头），因此有助于充分发挥企业资产的协同效应。

另一类软性基础设施则是其他企业的投资信息。由于无形资产投资经组合配置可产生意料之外的协同效应，因此企业可通过了解他人的投资项目和创意获得颇有价值的信息。言谈交流和集群办公是获取此类信息的一种有效途径：各界人士可轻松自在地会面、交流。企业还可通过较为正式的信息渠道获得此类信息。有过大型商展[5]参会经历的人都会知道，企业参展的目的并不仅限于企业的展示，还包括通过参展来了解行业的动态、获取创意、商讨合作，以及洽谈业务。行业名录和产业地图也同样能够令业外人士和业内企业加深对新兴产业的了解。

最为软性的软性基础设施：信任和社会资本

本章首先讨论了最具实体特性的实体基础设施类型（交通设施和住房等），之后讨论了无形的基础设施（制度、规则和信息等）。遵循这一脉络，在本章结尾之际，我们来探讨最无实体特性、最无规律可循的基础设施形态——信任，及社会学家所说的社会资本，即社会人际关系的强度、数量和质量。

人与人之间和企业间的信任是无形资产投资的重要前提条件，它体现在两方面，首先，人际的信任可促成社会交流，继而创造协同效应，在隔绝封闭、界限分明的社会环境下，人们很可能会缺乏分享创意的意愿。（或许其他社会特性也同样重要，如对体验持开放态度、层级化程度较低等。）

其次，信任有助于提高无形资产投资规则的确定性。如前文所言，如果规则缺乏确定性，则会对投资造成不利影响：如果企业不确定是否能收集到用户数据，并将其用于商业目的，那么企业可能不会投资数据收集；实际上，从投资决策角度而言，就算企业只知道不得将数据用于某些特定情形，也好过全然不知如何去做。高信任度和高社会资本水平有利于各方就规则达成稳定共识，稳定共识反过来又能提高规则的可靠性。

小结：无形经济体系下的基础设施

"距离的消亡"并未成为现实。实际上，随着外溢和协同的重要性日益提升，人们聚集和分享创意的场所，及确保城市运转的交通设施和社交空间也会变得更加重要。

然而，"距离的消亡"或许只是延期而至，而非全然落空。信息技术正缓慢、渐次地部分取代着面对面交流。如同工厂的电气化一样，这一变化或许会是一个缓慢的过程。如果真是这样，实体基础设施的重要性也会发生急剧的变化。

软性基础设施的影响将会日益提高。在无形资产协同效应的影响下，无形资产投资的社会基础设施——标准和规范也将变得更为重要；信任和社会资本有助于标准和规范的加强和巩固，因此将会在无形经济中发挥尤为重要的作用。

我们将在第9章中继续讨论这些政策问题。

7 地雀之喙
无形经济的融资挑战

一种普遍的批评认为，当前的金融体系并不适于企业投资。持此观点者认为，金融市场热衷短期逐利、缺乏风险认知，还会产生将经理人引入歧途的不当激励。第 3 章已探讨了无形资产的经济特性，在此基础上，本章将探讨当前的金融体系是否适合于日趋依赖无形资产的经济体系。我们认为，尽管民粹人士对企业融资体系的部分批判存在夸大其词的问题，但是无形资产的特性也的确为企业融资带来了若干挑战。

很多人将金融市场视为现今资本主义体系的症结所在。人们普遍担忧金融体系远远无法满足实体经济的需求，尤其难以满足企业投资的融资需求。

从某些角度看，这一批评观点早已有之：20 世纪 30 年代，凯恩斯对各国"资本发展"沦为股市赌博颇有微词。[1] 而随着过去十年间金融体系的系统性失灵几近导致全球经济崩溃，这一问题更是增加了几分紧迫性。

民粹人士对企业融资的担忧也如出一辙：他们认为银行对商业并无兴趣，也不为企业提供发展所需融资。股票市场被视为短期逐利者；此外，随着经理人日益关注股价，股市的影响力也随之与日俱增，因此，经理人会削减企业研发支出以取悦赚快钱的短期投资者。[2] 上述担忧也影响了发达国家的公共政策，多国政府出台了力度不一的补贴或强制政策，借此促使银行向企业发放贷款，此外还向债务融资企业提供税收优惠。很多国家都在酝酿出台措施（对短期持股征税或修订财报要求等）鼓励投资者的长期投资行为。各国政府也纷纷投入资金发展其他的融资模式，而风险投资的模式备受青睐，被视为企业发展和国民财富增长的一大来源。

尽管持上述观点者认为这些结论显而易见，但事实上也并非全然如此。比如，经理人削减研发支出的行为未必错误。被终止的项目可能毫无潜力，而继续投资前景黯淡的项目显然也不是明智的做法。股东出售股票可能也在情理之中：或许企业前景已不再明朗。近年来饱受指责的股票回购或许出于同样的考虑。但是，企业前景不佳的原因却并不明了：或许是因为成熟壮大的企业所面临的发展机遇已大不如前，因此企业向股东分红也可以看作对后者长期持股的回馈。

这些观点早已有之，本章不再细述（虽会稍有涉及），我们将集中探讨"实体经济"的资本基础从有形资产向无形资产的逐渐转变是否会对金融领域的运行造成影响。我们将主要探讨两点：首先，从有形资产向无形资产的渐次转变有助于解释金融业屡遭诟病的种种问题，其原因可以追溯至本书第 3 章所讨论的无形资产经济特性——扩展性、沉没性、外溢性和协同性，及其相关衍生特性——不确定性和争议性；其次，我们认为，无论是对于力求改善国家"资本发展"的各国政府而言，还是对于追逐更高回报的财务投资者而言，更深入地理解无形经济面临的融资挑战均有助于看清新的行动方向。

本章将逐一审视对企业投资颇具影响的三种融资模式：银行融资、公募股权融资和风险资本融资。对于前两种融资模式，我们将关注它们在无形经济体系下将会面临哪些挑战；对于风险资本这一融资模式，我们将审视它在无形资产密集型经济下的发展演变，以及它是如何满足无形资产密集型企业发展需求的。

金融市场与企业投资：依然热门的老问题

我们先来回顾人们对企业融资现存问题的看法，以及这一问题日渐恶化的过程。

有批评者认为，金融体系阻碍了实体经济的发展，它对企业投资尤为不利。这一观点可谓亦旧亦新，它包含两部分内容：第一，金融市场目光短浅、愚昧之至，远远无法满足企业融资的需求；第二，企业日趋"金融化"又加剧了这一恶性影响。

早在第二次世界大战之前，这一观点便已生根发芽：凯恩斯视股市为赌场，认为它无法决定企业投资；英国政府于1929年成立了麦克米伦委员会以调查该国的金融体系能否满足经济发展的需求；推动创立这一机构的凯恩斯也阐述了金融资本同国家资本发展滞后之间存在的关系。

实际上，很多国家认识到了金融体系未能有效地服务于企业，因此出台了多项政策予以应对。尽管金融服务业被视为自由资本主义的堡垒，多数发达国家仍采取了深入而广泛的措施对企业融资市场加以干预。德国复兴信贷银行（1948年成立）和美国小企业管理局（1953年成立）均为企业融资提供担保或承保；1945年，英国创办工商业金融公司，旨在为企业提供其发展所需的成长资本。截至2016年夏，搜索英国政府网站可以查询到319个融资项目。

"金融化"及相关的短期逐利主义成了近年来备受关注的问题。金融化是指金融部门的规范、指标和激励措施在整体经济中的重要性日益提高。其中部分问题包括：经理人获得的股票期权日渐增多，这导致他们的利益同股东的利益趋于一致；企业常会出台旨在提振短期股东价值的经营策略；金融工程（股票回购和盈余管理等）成为高管工作的一大重要内容。金融化现象导致了本末倒置的后果：本应是金融服务于企业，结果却成了企业服务于金融，约翰·凯的"迂回"理论也应运而生：企业的首要任务是服务顾客、提高业务水平，创收只是其结果或次级效益。

有关金融的第三种观点是，风险资本对未来经济极为重要。绝大多数发达国家已斥资打造或发展其风险投资业，多国已出台共同投资计划，或税收优惠政策，以刺激本土风投行业发展。部分项目已颇见成效，如以色列的"开启计划"，而美国小企业管理局开展的"小企业投资公司计划"催生出了该国的风险投资业。在部分国家，政府部门直接进行股权投资（德国高科技创业基金及芬兰国家技术创新局旗下的风投企业等），玛丽安娜·马祖卡托等创新学者认为，政府部门应更为频繁地采取这一举措。此外，各国政府还会不时扶持创办早期企业证券交易所，这样的举措便于企业获得公募股权投资（股权可公开交易），而非公共部门股权投资。

如上文所述，尽管部分观点看似清晰明了，但事实远非如此。从经济体系中无形资产规模扩大的角度来分析则有助于我们理解并应对这些备受关注的问题。企业投资的融资依照其来源可划分为三类：银行信贷、股权市场和风险投资。

银行信贷：无形经济体系下的贷款难题

在多数小企业主眼里，银行是"执拗顽固""不可依靠"的代名词，它们不仅发放贷款缓慢、不了解企业经营现状，而且总是一派官僚作风，还不敢承担风险。[3] 或许也正是这个原因，英国的政治宣言屡屡提及"创立政府银行为企业贷款"。在一定程度上，德、法和美等国家也存在类似情形。普遍认为，无形资产导致了银行贷款问题的加剧。本节将探究其中的原因，并探讨这一问题对未来银行企业融资的影响。

莎士比亚名剧《哈姆雷特》中主人公的叔叔——清高的波洛涅斯曾有言："不要向人告贷，也不要借钱给人，因为债款放了出去，往往不但丢了本钱，而且还失去了朋友。"如果波洛涅斯生活在当今世界，现代经济的运行模式一定会让他大为吃惊。[4] 多数企业的外部融资均以债务形式存在。银行或债券持有人（较为少见）在固定期限内出借资金，借款者到期偿还并支付利息。假若出现所欠债务无法偿还的情形，如企业倒闭，则债权人可追索部分企业资产；尽管此举未必能够弥补贷款方全部损失，但确可显著降低其财务风险。

如果企业资产为有形物品，那么处置起来颇为容易。以巴士为例。1986 年，英国放宽了长途客车市场管制。一家名为"英国客车公司"的后起之秀试图借机挑战其时如日中天的英国国家快运公司，但最终未能颠覆其市场地位。在运营了两年后，英国客车公司宣告倒闭，此后出现的情形对于我们颇具启示意义：巴士被返还给了租赁公司，尽管企业经营失利，但是其最大的资产车辆依然价值不菲。与之相似，2007 年，商务舱航企麦克斯航空宣告破产，其麾下 5 架波音 767 飞机也同样归还给了租赁公司，以待他日再度启航、重返蓝天。

建筑、机器或地块同为价值可估的物品，它们能够作为申请贷款的担保。由于有形资产能够回收使用，因此有形资产企业除了资产担保外，还可通过其他方式获得贷款：贷款方还拥有企业可清偿资产的押记权（在美国被称为"反向留置权"），企业的外部资产甚至也可作为担保物。考虑到英国商业银行（及美国商业银行）普遍拥有获贷企业主房产的留置权，因此可以说其所发放的大量企业贷款实质上也是变相的住房抵押贷款。这些成熟的体系有助于避免出现波洛涅斯警告的情形：尽管贷款有借无还的情形依然时有出现，但由于债务人的有形资产能够补偿债权人的经济损失，故而即便借贷双方友谊无存，至少也能平心相待。

无形资产密集型企业的情况显然更接近于波洛涅斯的想象。如第3章所述，无形资产通常会沦为**沉没成本**，一旦失去效用便难以出售，如果赶上企业倒闭则更加难以转手。丰田无法将其斥资数百万打造的精益生产系统同厂房分离、单独出售。星巴克编撰了操作流程手册供其分店和加盟店使用，此举可帮助它们打造相同的门店风格和顾客体验，因此有利于提高企业的赢利能力，但是这本手册对其他企业而言并无同等价值。

即便这些无形资产（专利、版权等）最终得以出售，债权人也得面对其他的问题：无形资产的价值通常难以评估，这是因为相较于面包车、建筑物和机床等有形资产，专利和版权等无形资产有着颇为独特的特性。厢式货车和办公大楼等有形资产均有相应的高流通性交易市场，矿山和化学品运输船的估值工作则由专业顾问来完成，相较而言，知识产权领域交易市场的专业估值人员远远不够：由于其出现时间较晚、发展相对滞后，概念上也较难理解，因而无形资产很难用于贷款担保，即便是规格明确的无形资产也同样难逃此运。

不同行业大型企业的杠杆率各不相同：有形资产密集型行业的杠杆率较高，这说明这些企业的债务融资比重高于股权融资；与此同时，无形资产密集型行业的债务融资比重较低，而股权融资比重较高。

整体经济中无形资产密集程度的提高会导致这一问题的进一步恶化。随着无形资产密集型企业不断涌现，如果银行无意、无力为其发放贷款，则可能导致极具潜力的企业难以获得发展所需要的资金，不难想象这将成为普遍的现象。银行通常会计提一定的储备资本作为应对流动性危机的一种手段，而现行监管规定并不允许将（几乎所有的）无形资产计入银行储备资本。[5]

难以出售的无形资产在数量上占优会逐渐影响银行体系的稳定性。为了防止银行挤兑造成经济上的灾难性后果，监管机构会要求银行对账目上的每笔贷款计提一定数额的准备金，其金额大小取决于贷款的类型：整体而言，如贷款担保物为易于出售的有价值资产，则只需计提数额较低的准备金；而无担保贷款则需要计提数额较高的准备金。由于银行发放的大量企业贷款并无担保物（银行获得反向留置权相当于得到了企业整体资产的所有权，而非特定资产的所有权），久而久之，银行无担保企业贷款的风险也会随之加剧：具体而言，如果企业经营失利、面临资产清算，那么银行也会蒙受贷款贬值的损失。针对无形资产密集型经济下的银行贷款规模下降问题，实践中可采取三种方法加以解决。第一种方法是传统手段，即政府干预。正如前文所言，数十年来，大多数发达国家采取的措施包括施压银行提高企业借贷规模、拨付纳税人资金共同出资，以及为银行贷款提供担保。英国左派的主流观点主张政府应加大干预，其他政治派别对此亦有认同。但是在无形资产日趋密集的经济体系下，这一做法将会面临一大挑战：随着国家资本存量中无形资产比重不断提高，政府所需填补的缺口也同样会日趋扩大。如为确保干预行之有效，国家还需要逐渐加大投资银行的力度或扩大贷款担保计划的规模。尽管这并非全无可能，但是对于政府借贷项目的大多数支持者而言，这断然不是他们所建言、期待或支持的结果。

第二种解决途径是设计新型信贷模式。自金融危机以来，"金融创新"一词影响颇坏。美联储前主席保罗·沃尔克甚至表示在金融危机前的几十年中，只有自动取款机算得上有益的金融创新。但实际上，贷款方将部分无形资产作为贷款担保物也同样堪称创新之举。近年出版的工作论文显示，美国专利商标局注册专利中 16% 的专利被用于质押担保。若干研究项目分析了美国银行业去监管化对创新投资的影响，其中一项研究表明，放松对州际银行的监管可导致创新企业（判定依据为其专利的数量和质量）获贷规模的扩大，这表明行业竞争的加剧可提高商业银行为无形资产投资企业（至少投资了一类无形资产的企业）提供贷款的意愿。

同时，围绕无形资产担保贷款的金融创新模式也纷纷涌现。英国摇滚歌手戴维·鲍伊于 2016 年离世，人们对他在音乐领域的创新赞不绝口，但鲜有提及他对无形资产融资的贡献——鲍伊曾以未来版税收入为担保发行了 5 500 万美元债券。新加坡和马来西亚两国（同英国知识产权局等组织合作）已经出台了项目补贴银行贷款，以鼓励银行提高无形资产贷款规模。

总体而言，这些类型的信贷最适合于专利或版权等知识产权类无形资产，然而在企业的无形资产投资中，这类投资通常只占很小一部分。但是随着无形经济的不断兴起，我们更加需要成熟的制度为无形资产投资提供融资支持；成熟的制度不仅能够惠及设计、提供制度的贷款方，同样也有益于凯恩斯所说的国家资本发展。

应对无形资产担保借贷难题的最后也是最激进的一种方法，即改变企业的融资结构，具体来说就是提高股权融资比重、降低债务融资比重。这样一来，即便企业倒闭，股东也无从追索，企业因而无须担心资产的清偿价值。股权融资模式显然更适合于有形资产规模较小的企业。

但是，扩大经济体系的股权融资规模说起来简单，施行起来却颇为困难。这项浩大工程可能需要投入几十年的努力，不可能在几年时间内一蹴而就。首先要面临的是部分制度性障碍：除了规模较小的风投行业

（后文详述）及体量更小、发展更晚的股权众筹行业，其他领域很少有企业采取股权融资模式，多数金融机构也无相关服务。部分评级机构为小型企业提供信誉评级，有的银行则会通过算法以较低成本快速决定是否向小企业发放贷款。股权投资则不具备类似条件，其分析工作（需要估算的是企业终值，而非其偿还定额债务的概率）更为复杂。此外，文化因素也同样会对此造成阻碍：尽管金融经济学理论认为企业主对股权融资和债务融资这两种模式并无偏好，但实际上很多小企业主对出让股权仍抱有认知上和文化上的偏见。[6]

此外，还有一大监管壁垒需要破除。多数发达国家的税制有利于债务融资发展，而非股权融资发展：企业可将贷款利息计入经营费用，借以减少应纳税额，而股权资本成本则无法计入经营费用。长期以来，税务专家们一直寻求解决这一税收扭曲问题（建议方法包括对股权成本进行税收减免，或取消债务的税收优惠，并降低总体税率进行弥补）。由英国财政研究所发布的《莫里斯报告》是一部颇具影响力的英国税制论著，该书亦持相同建议。然而从目前来看其难度不亚于任何大刀阔斧的企业税收改革。由于此举会广泛触动既得利益，因而推动改革极为困难。[7]但是，随着无形资产的重要性与日俱增，对变革的需求也将变得越加迫切。当前正是政策制定者们咬紧牙关、放手一搏的绝好时机。

短视的市场

在批评人士看来，不但银行业对企业投资多有阻碍，股票市场和股权持有人也同样难辞其咎。以英国昔日化工巨头 ICI（英国帝国化学工业集团）为例，其厂房位于比林汉姆、朗科恩和布莱克利，这些建筑一度曾是北英格兰地区的工业地标，该企业的股票也曾经是伦敦证券交易所的中流砥柱。ICI 在几十年间投资研发，并推出了多款创新产品，其中包括克林普纶、他莫昔芬和有机玻璃；ICI 开发的新型商业模式被竞相仿效，各类企业也借此获利颇丰；ICI 为整个行业培养了大量的化学师、工程师和经理人。但是到了 20 世纪 90 年代，此情此景不复存在：迫于激进投资者的收购威胁，ICI 开始追求短期股东价值。为此，ICI 积极投身并购市场，并剥离、出售了价值数十亿美元的业务，此外其还完成了若干收购项目。然而，重心和效率往往难以兼顾，ICI 所收购业务的债务负担和整合问题开始凸显；到了 2000 年后，该企业已经难掩颓势。2008 年，ICI 被阿克苏诺贝尔以区区 80 亿英镑（相较于过去的价值）收入旗下，这一结果也在多数人的意料之中。

经济学家约翰·凯等批评人士认为，ICI 的案例反映了在如今股权市场可对企业投资造成不良影响。约翰·凯表示，在其如日中天之时，ICI "对证券市场颇为不屑"，而随着企业逐渐注重股价，双重失利也随之而来：一方面此举造成了企业创新减少、股东价值下跌；另一方面，作为英国管理人才和科技人才的基地、产业供应链的中枢，以及治企有方的代表，此举也意味着 ICI 放弃了其商界的地位和影响力。

ICI 的案例概括了股权市场为人诟病的核心问题：注重短期财务业绩，忽视长期投资，金融化（金融市场对企业的影响日趋加剧）导致经理人疲于应付股东们急于求成的奇思怪想。上述担忧不乏数据支持：雷切尔·桑普森和施原研究发现，美国股票市场对企业现金流的折现率越来越低；英国央行首席经济学家安德鲁·霍尔丹和英国政府经济顾问委员会主席理查德·戴维斯的研究也表明英国同样存在类似情形。经济学家戴维·迈尔斯对此亦持相同观点。约翰·格雷厄姆、坎贝尔·哈维和希瓦·拉吉戈帕的研究则表明这一观点并非个例：其结果显示，78% 的企业高管表示愿为实现盈余目标牺牲长期价值。

批评人士进一步指出，有迹象表明企业会将资金用于向股东返现，而不是投资：2014 年，美国标准普尔 500 指数企业用于股票回购的投入几乎同利润持平。[8] 其结果便是，相较于非上市企业，上市企业投资的意愿较低，并且更趋向于持有现金，或向股东返现。[9] 持此观点者包括创新经济学家玛丽安娜·马祖卡托。

政策制定者和权威专家们提出了若干种方案来应对市场的短期逐利问题，其中包括：向售股者实行差异化税率，从而鼓励投资者长期持股；通过限制或禁止股票回购等手段解决金融化问题；直接呼吁股票持有人克制短期逐利的冲动。

然而，我们将在下文探讨，随着无形资产投资的重要性与日俱增，催生短期逐利问题的根本原因也随之改变：无形资产的特性加剧了投资不足的问题，同时又催生了新的问题，需要采用其他方案加以解决。

我们所说的"短期逐利"究竟是什么？

针对股票市场"短期逐利"的批评，有两处细节颇为关键：第一个细节是不同于上文中外界对银行融资的批评，这一批评所针对的是金融体系对企业决策的间接影响，而不是金融体系为企业提供的融资服务。银行贷款是融资直接来源，如银行拒贷则有可能造成资金断流，使企业投资无以为继，而公募股权市场则为二级市场，股价变动不会对企业资金量造成影响，但是如果市场担忧投资会造成短期内企业股价的下跌，则可能会鼓动经理人放弃投资计划，如果高管手握企业的股票或期权，则更有可能出现这一现象。

第二个细节是，如果股票市场影响过大，企业则可能会陷入两种失败模式：第一种是企业未能投资可创收项目，因而导致股东长期利益受损。（用金融经济学术语表述的话，就是企业错失了净现值为正数的投资项目。）约翰·凯认为，如果 ICI 撤资的新材料项目原本可为企业创造收益，那么我们可将其视为失败模式的一个案例。

另一种失败模式则体现为迫于股权市场压力，企业放弃投资可产生公共效益的项目，如 ICI 放弃出资培训经理人和工程师（这些人士有可能成为其他企业的骨干力量），或放弃投资可惠及其他企业的基础研究。上述两种失败模式的一大区别在于，第二种模式下，尽管企业的行为未必以整体经济为利益导向，但至少仍符合企业股东的最大利益（至少短期内符合其最大利益），而在第一个案例中，企业的行为甚至有损于股东的利益。下文将展示，在无形资产投资兴起的背景下，这一差别尤为重要。

当股权市场遇到无形资产

批评人士认为，过于关注短期利益的股权市场对无形资产型企业的影响更为明显。以研发为例，这种长期投资的效益往往难以预估，人们通常会将研发成本列为费用计入利润表，而非将其列为资本计入资产负债表。削减研发（及多数其他类型无形资产）支出可提高企业账面利润，短时间内也不会对资产负债表造成显著影响。

再者，如第 3 章所言，即便研发项目最终取得了成功，投资企业也未必一定能够从中获益，而竞争对手却反倒有机会坐享其成。有研究表明，企业在股权市场的压力下会选择削减研发支出。研发投资和现金流之间也存在着高度的关联性：现金流较充裕的企业的研发投资也相对较高，或者说至少在 20 世纪 90 年代时情况如此。该研究结果印证了这样的观点：缺乏外部资金来源的企业只有在内部资金允许的情况下才能开展研发投资。

股权市场还会阻碍企业投资其他无形资产。威廉·拉佐尼克认为，金融市场的压力导致现今企业不再热衷于投资培训员工，并吸引员工留驻。在惠普、IBM 如日中天的时代，软件工程师们通常会在一家企业工作到退休，而如今的技术人员更倾向在脸书、谷歌和其他初创公司之间辗转流动，其结果是企业缺乏投资培训的意愿。亚历克斯·艾德曼斯研究了"最佳雇主"上榜企业的股价表现——这类榜单通常由研究人员和媒体记者编制，它们往往能够反映企业的管理投资、流程投资（可归为组织发展投资）和培训投资。艾德曼斯发现，上榜企业股价表现持续优于其他企业，并且员工满意度较高应为其因，而非其果。这一研究令人颇感意外：如果市场能够公允地评估优质的管理及人力资源实践所形成的组织资本，那么企业在入选榜单（并向市场展示其管理质量）后应能获得股价上涨的结果。但实际情况则是企业股价的上涨并不是立即发生的，这表明优质的管理固然能够提升公司的业绩（因此推动了企业股价长期上涨），但是此类无形资产也同样被股权市场所低估（股票分析师们应在企业上榜之时就意识到企业管理的成效，而不是等到企业发布财报披露优质管理的成果）。

但是，相关性不是因果关系，即便上市企业削减研发投资、培训投资或其他类型的无形资产投资，也不能据此推断企业已经被股权市场带入歧途；企业削减投资的原因还可能在于经理人并不看好投资项目的赢利前景，或更确切地说，经理人认为项目只会惠及他人，而于己未必有益。我们也常会在商业新闻报道中看到，企业推出了新产品、新服务，但是最终还是因为过于乐观而未能取得成功。如果股权市场能够阻止企业投资这类无形资产，倒也未必是坏事。

如果想明确地了解股权市场对无形资产投资的影响，我们需要上市公司的无形资产投资质量调整数据，或投资前景相近的上市公司和非上市公司的可比数据。

所幸的是近年发表的此类论文数量颇多，所得出的结论也是五花八门。艾德曼斯、房薇和凯瑟琳娜·A.卢埃林的研究似乎给出了确凿的证据。该研究观察了高管持股行权等待期对企业研发支出的影响。上市公司经理人的部分薪酬以股权形式（股票或期权）发放，需一定年限（"行权等待期"）后方可兑现，经理人通常会在等待期结束后行权售股，因此他们对这一时点的股价尤为敏感。事实证明，经理人极有可能在股权兑现季度削减研发支出。考虑到行权等待期均是提前数年设定的，这一初步证据或可表明，在股价与自身利益关系最密切的时点经理人会选择通过削减无形资产投资规模的方式增加盈余，以此提振股价。

伯恩斯坦的研究也颇具揭示性，但是其角度有所不同。首先，伯恩斯坦发现，非上市企业寻求上市均需花费时日，从启动计划到首次公开募股，一路并非坦途。部分企业上市恰逢经济发展平稳时期，而另一部分企业还未上市便遭遇股市崩盘，因此未能上市，通过这项实验可以对上市企业和非上市企业进行比较，更为重要的是，企业各自的境况均源于其可控范围之外的因素。通过观察对比一家成功上市的企业和一家因外部冲击未能上市的企业（而不是观察对比两家上市企业，或两家非上市企业），我们可从中推断出企业上市的因果效应。

他发现有两点颇为值得关注。一方面，企业上市不会影响其专利申请量，而专利申请量是衡量无形资产投资（本例中为研发投资）成功与否的一项指标，上市企业同非上市企业在专利申请量上旗鼓相当。另一方面，上市企业申请专利的类型有所不同。相较于未上市企业，上市企业的专利引用次数相对较少，并且多数科研人员有离职倾向，但是上市企业购入了更多的优质专利。这同第3章探讨的开放式创新模式颇为一致。因此，伯恩斯坦的研究表明，至少从专利的角度衡量，企业在上市后可能会改变创新的策略，但是致力于创新的努力并未改变。

这说明了什么？在企业的无形资产投资方面，市场的确存在着短期逐利的问题：经理人削减了研发投入。但是，上市企业最终仍然将更为优质的专利收入囊中。金融经济学家亚历克斯·艾德曼斯领导的研究从另一个角度解释了这一矛盾的现象：该研究表明，"企业的投资者是**谁**"是一个关键的因素。

上市公司经理人被问及实现盈余目标的重要性时都能够侃侃而谈：向投资者传递积极信号、提振投资者信心。经理人的投资规划大多难以向外人解释，而且相关内容多为商业敏感信息，相比之下，如想了解企业盈余目标实现与否则较为容易。股东如想了解企业新产品是否可能成功，需充分掌握相关信息，还需具备一定专业能力，而如想了解企业能否实现盈余目标，只需能够读懂利润表。不难想象，掌握充分信息、具有专业能力的股东会允许企业投资风险较大、较为复杂的投资项目，比如无形资产。那么又该如何衡量企业股东的专业能力？研究者使用了替代指标，即机构投资者持股数（而非个人投资者持股数）和持股集中度。其逻辑在于：相较于普通投资者，金融机构通常具有更强的专业能力，并且持股较多的机构也热衷于研究、了解企业及其相关业务（对于券商而言，研究是一种具有扩展性的无形资产投资，对于其他企业而言也同样如此）。持有一股者投入时间和资源收集信息尚能收获其益，那么持有百万股者更能轻易获得超额回报，因此，如亚历克斯·艾德曼斯的研究所示，零散持股者收集相关信息的意愿较低。[10]

如果企业的投资者中机构较多，且投资者持股集中度较高，企业则更可能投资研发。菲利普·阿吉翁、约翰·范·雷南和路易吉·津加莱斯研究对比了接近入选标准普尔 500 指数的企业和勉强跻身者。总体而言二者特征颇为相似，但也存在一显著区别：企业入选该指数后，机构持股量也随之增加。研究者发现，机构持股量增加可促使企业提高研发投入，而艾德曼斯总结的证据则表明，企业持股集中度较高也同样有类似效果：相较于股权分散的企业，股东控股比例较高的企业的研发投资规模也相对较大。

由此可知，股权市场对无形资产投资具有多重的影响。有证据表明，市场具有短期逐利的趋向：部分情况下表现为管理层时而会削减无形资产投资规模，借以维持或提高利润，从而提振企业股价；部分情况下则体现为削减投资，将资金用于股票回购。之所以出现此类情形，部分原因可归结为管理层的激励导向更为明确：经理人持股的上市公司只关注于前景较好的无形资产投资。市场短视问题的严重程度则各不相同：如果企业股权较为分散、投资者不够专业，那么投资者往往会施压企业，迫使其削减无形资产投资规模；股权较为集中、投资者较为专业的企业则较少面临这一情况。

"股权集中、大股东持股可改善公司业绩"的观点在逻辑上也颇为合理。毕竟，股东买卖股票的行为不能一概斥为短期逐利：或许企业的前景确实发生了变化。因此，重要的不是持股时间的长短，而是买卖双方交易所依据的信息。大股东有更强的动力去了解企业的长期前景，而在现今时代，企业的无形资产是其得以长期发展的基础。大股东更倾向于根据长期信息进行交易，因此有助于鼓励经理人合理地规划长期投资，并惩罚短期逐利的行为。由于无形资产往往隐匿于外部投资者视野之外、有待挖掘，因此，对于无形资产密集型企业而言，大额持股可促成股东激励和高管激励一致化，故而极为重要。第 8 章将进一步探讨无形资产难觅其踪的原因所在。

风险投资的作用及其局限性

由于无形资产密集型企业寻求银行融资时往往会遭受重重限制，此外上市企业也饱受投资不足问题困扰，因此，很多人寄希望于风险投资为新经济发展提供资金支持。

风险投资的发展始终与一些发展速度在全球位居前列的无形资产密

集型企业保持着相同的步伐。硅谷的沙山路素来是风投企业聚集之地，硅谷多数的无形资产密集型企业和高成长性企业都从这里获得过早期投资。这一融资模式也伴随着英特尔、谷歌、基因泰克和优步等凭借无形资产（极具价值的研发、新颖独到的设计、软件产品和组织发展）发展壮大的企业一同发展。

达尔文曾在《物种起源》中谈及加拉帕戈斯地雀由于食用不同的仙人掌而进化出了各式各样的喙形；同样，由于风投企业趋向于投资无形资产，因此风险资本的发展也顺应着无形资产的特性，由此演化出了多种特性。

但是这一适应性演化并不完美：尽管风险投资支持的头部企业发展迅速，并在全球范围获得了影响力，但这一融资模式的扩张尚处于起步阶段。多国政府均曾培育本土风投行业，但鲜有成功案例；绿色科技和能源等风投支持行业也一度被寄予厚望，其发展同样不尽如人意。大获成功者寥寥无几。从无形资产视角对其加以分析有助于我们了解风险投资存在着哪些局限之处，以及为什么无法将其视为解决所有问题的灵丹妙药。

地雀之喙：为什么风险投资适于无形资产

得益于其所具有的若干特性，风险投资尤其适于无形资产密集型企业的融资：首先，风投企业持有的是所投企业的股权而非债权，原因在于，无形资产密集型企业一旦倒闭，由于其投资已经沦为沉没投资，因此企业的价值通常也会所剩无几；其次，风投基金寄希望于通过"全垒打"项目获得巨额收益，而无形资产（谷歌的算法、优步的司机网络或基因泰克的专利等）所具有的扩展性使之成为可能；最后，风险投资之所以采取轮次投资模式，是为了应对无形资产投资所固有的**不确定性**，而初创企业的不确定性也会随时间推移而逐渐降低。2004 年，彼得·蒂尔投资 50 万美元持股脸书，这也是脸书首获外部投资，此时，脸书前景的不确定性远高于三年后微软投资 2.4 亿美元的时间节点。根据企业发展阶段进行逐轮投入的模式有助于消除投资所面临的不确定性问题，投资人可借此获得选择价值，即可等掌握信息后再决定是否追加投资；如果企业的创新成本相对较高，那么有此选择对于投资人而言极为重要。

了解风险投资的一种方法是观察它在哪些领域行之有效，在哪些领域徒劳无功。生物科技领域内的风投企业数量众多、投资规模庞大，由此可知风投适宜于在该行业发展。根据沉没成本理论，如果一些行业屡屡寻求资本市场融资，其各阶段也无资产或产品作价出售，那么其融资风险相对较高。不过在生物科技领域，企业发展各阶段层次分明，并有相关机制确保各个阶段均有部分获批的专利可以作价出售。此外，知识产权的发展使得知识的阶段性应用和交易成为可能。与之相反，风险资本在绿色能源领域的活跃程度远低于此，而这一领域中的不确定性相对较高，发展阶段界限模糊，产权机制也尚未确立。

无形资产投资的特性也可以解释风险投资人如何实现所投企业的增值。风险资本的一大奇特之处在于风投基金能够保持业绩长盛不衰。换言之，业绩排在前 25% 的风投基金年复一年，甚至几近十年地稳居前列，这一现象在金融市场上极为罕见。英国近年一项研究表明，共同基金行业内业绩排在前 20% 的基金经理中，有人一年后便跌至后 20% 之列，而私募股权基金行业也同样存在类似情况；但是，顶级风投企业的基金却能够保持业绩长青。

有人将其归因为风险投资人均为高薪专业人士，他们善于甄选投资项目，或亲自出任企业董事，参与决策，但是这一观点的问题在于，共同基金和私募基金也同为高薪专业人士操盘，却无法保证业绩长青。

一种可能性在于，由于风投支持企业投资的无形资产所具有的特性确保了风投基金的业绩长盛不衰。如前文所言，无形资产之间具有显著的**协同效应**。例如，谷歌于 2004 年推出了谷歌邮件，该产品结合了其搜索算法和电子邮件应用程序，其服务和利润水平均远远优于竞品。前文还指出，无形资产通常具有**争议性**：优步对其麾下司机网络的"所有权"难以同出租车企对其车队的所有权相提并论。从某种角度而言，出租车企业的车队资产无可争夺，而优步的资产则有可能落入他人囊中。

稍加观察不难发现，业绩优良的风投基金及其合作伙伴通常在其投资领域人脉通达、备受信任。在 20 世纪 80 年代日本经济衰落之前，资深风险投资人约翰·杜尔曾表示，他所创办的克莱纳·珀金斯公司在美国打造了日式的"经连会"（keiretsu）——这种环环相扣的商业网络曾是日本产业的主导力量；换句话说，企业在其投资的公司之间构建了非正式的关联，从而使得这些公司能够充分利用无形资产的协同效应。[11] 如今，对日本经连会的赞誉之声已渐绝于耳，但仍有硅谷风投企业以之为名；此外，无论是在美国、以色列，还是在英国、瑞典，顶级基金企业都在不遗余力地构建公司网络，并充分发挥其协同效应。

顶级风投企业的人脉和声誉不仅有助于其构建网络、充分利用协同效应，而且还可提高其**争议性**资产的价值。尤其是在软件和互联网服务等领域，一项无形资产投资的价值在极大程度上取决于其同整体技术生态的契合度：如果一款新应用可嵌入谷歌日历，其价值则会大为提高；一家分析软件研发企业同在线广告分销商建立合作关系也可提高其自身估值。如若风投企业人脉通达，则可帮助其投资的初创企业对接开放式创新网络。此举还可创造直接经济效益：它有助于风投基金将初创公司售给同业买家，从而获得投资回报，同时它也有助于减少其退出前需要筹措的资本。风投基金及其合作商的人脉和声誉可帮助所投企业实现无形资产投资的增值。再者，这一优势似乎能够长期存在，原因在于它不仅依托于企业的合作伙伴网络，还依托于企业投资的公司网络。

硅谷风投行业及其支持公司屡屡被批评缺少多元化的投资谱系，这实际上反映出了社会资本的重要性。我们认为，风投行业之所以会出现"派系化"表象，其原因并非在于风险投资人品行不端、热衷于拉帮结派，而是因为风投行业的内在模式便是凭借密集的人脉网络实现发展的，如果不受阻碍则会趋于向派系化发展，或许即便存在阻碍，其发展趋势仍会如此。

风险投资不适合哪些领域？

有充分理由认为风险投资适于无形资产密集型企业，因此应当被视为一种积极的金融创新模式。但是就企业投资问题而言，风险投资绝非解决企业投资问题的万能良药，仅仅依靠风投还无法解决无形经济下资本发展的融资问题。

风投企业和风投支持企业面临着三大问题，其中部分问题的出现可归因于无形资产投资自身的特性。

首先是投资外溢问题。风投支持企业的经理人热衷于打造高价值企业，毕竟一旦取得成功，创始人也会收益丰厚。但是如前文所言，由于无形资产的回报可能会落入他人之手，因此上市企业经理人并不热衷于投资无形资产，指望风投支持企业发展成为类似贝尔实验室的基础研究机构因而并不现实。在通常情况下，硅谷（以及以色列等地的科技生态体系）会通过公共资金扶持的大学研究项目获得基础性的无形资产。

其次，如果所需投入的无形资产投资规模巨大、不确定性极高，那么也会面临相同的问题：比如，第四代商用核反应堆的开发，或新型绿色能源工业流程的开发都需要投入大量的资源，规模远大于多数风投基金的投资规模，并且投资会产生大规模的外溢。

最后一个问题是，与算法和品牌不同，风投基金管理争议性、外溢性无形资产的能力很难实现规模化扩展。硅谷风投业发展成熟耗费了四十年的时间，其间还获得了大量的直接公共补贴（来源于"小企业投资公司计划"）和间接公共补贴（防务合同为风投支持公司的营收来源）。风投业之所以发展缓慢，部分原因在于将风险投资嵌置于科技行业生态需要一个过程——创业者寻觅资金、大企业收购初创公司、几代企业家和风险投资人经验相传。即便有政府部门慷慨出资，将此过程应用于新的行业仍需要耗费时日。因此，在过去三十年里，很多发达国家纷纷斥重金打造本土风投行业，而其结果却如同约什·勒纳在恰如其名的著作《梦断硅谷》中所指出的那样，多数情况下成效颇为有限。

虽说风险投资颇为适宜于部分类型的无形资产投资，但其本身难以扩张规模，那么政策制定者应如何应对？一方面，如果一国、一地的风投行业并无全球影响力，那么政策制定者应放低预期，不应指望风投行业短期内就可促进资本发展：发展风投行业是一项二十年之计，绝无可能在短时间内发挥作用，尽管公共补贴也有助于行业的发展，但终究无法代替时间的作用。

此外，还应谨慎看待风险投资在其影响甚微的成熟产业中引领变革的潜力。如上文所言，在新行业中构建风险投资所需的社会关系尚需时日。如果在所处领域中，创新有赖于大规模的资本投资（能源发电等），风投行业则会面临更为艰巨的挑战。尽管不应妄言风险投资一定不适宜于核能等领域，但是由于相关投资体量超出了其常规投资的规模，因此先行者极有可能面临投资亏损的风险。即便是运转良好的风投行业也同样需要政府部门或大型企业为外溢性高的无形资产投资提供资金支持。政府部门或可选择直接出资，或可通过其他公共机构（大学等）提供间接的扶持。

小结：无形经济的资本发展

在本章结尾之际，我们来展望未来的长远前景。既然无形资产投资对企业的重要性日渐提高，那么无形资产投资的发展需要哪类金融机构和融资机制的支持？这又会给投资者们带来哪些机遇？

首先，银行信贷将不再是企业融资的主要模式。部分情况下，以知识产权为担保的新型债务融资产品将填补遗留下来的一些空白，而大多数情况下，股权融资将会成为中小企业的主要融资模式。这一变化的实现有赖于深入推进税制改革——如消除债务融资的税收优势、出台更多针对初创公司的税收优惠政策；同时还需发展新型金融机构，以实现小规模股权投资，并促成尽职调查的便利化。

此外，机构将成为公募股权投资的主导力量，部分机构大量持股无形资产密集型企业，从而促使企业扩大投资规模。其实现既需要废除抑制大额持股的法规，同时也需要开发更为有效的工具帮助机构投资者评估无形资产投资的价值。其中的部分工具可能最终会推动财会准则的修订，使得上市企业资产负债表能够更好地反映投资。考虑到当前至少部分类型的无形资产投资价值仍被低估，因此在一定时期内，持股无形资产密集型企业、支持管理层投资无形资产的投资者有望获得超额回报。另外，大型非上市公司的数量将会上升，其原因在于，在无形资产外溢密集的时代信息披露成本较高，对于部分由大股东持股的企业而言，该成本已经超出其上市所得效益。

大型机构投资者还可选择另一策略：广泛地投资于整体生态系统，如此一来，即便无形资产投资会产生大规模的外溢，投资者支持企业经理人投资于此仍然能够为其带来可观的回报。原因在于此类投资虽可惠及他人，但因其遍布整个行业，故而大型投资者依然可从中获利。在某些行业（能源行业等）广撒网式投资的策略或许还适用于其他投资群体，特别是大型投资者，如主权财富基金。它也是最有可能催生贝尔实验室式研究机构的私营部门融资模式。

此外，尽管风投行业是否会持续发展尚难预料，但是风险投资很可能会呈现扩张之势。无论风投行业如何发展，其兴起仍将有赖于大型企业和公共部门的无形资产投资（长期的科技研发等）。

风险投资同无形资产密集型企业相伴发展，因此，二者之间彼此兼容、相互适配。无形资产投资同风险投资的优势和挑战息息相关，这绝非无稽之谈，其现实意义在于可帮助我们厘清在无形资产投资成为常态后会出现怎样的金融体系，以及投资其他无形资产密集型企业需要怎样的制度框架。

最后，如公共补贴的私营部门机构未能创造所需规模的公共外溢，那么公共部门资助的知识生产机构大学或将承担更为重要的角色。但是提供支持的前提是必须确保其为公共知识创造机构，同时可能还需开展组织模式实验。相较于常规大学，研究机构或许更适合此任。此外，其中一个看似矛盾的地方在于，所支持项目不应为短期可商业化的项目——因为此类项目完全可以留给私营部门承担。

8 竞争、管理与投资
经理人的权威偏向

在无形资产密集的经济体系下，成功企业具有哪些特征？经理人如何打造成功企业？投资人如何投资成功企业？本章将审视人们原本看待新经济对企业和经理人的影响的方式，以及无形资产的特性如何导致这些预想并未成真。之后再来审视企业借以维持竞争优势的规则是否已发生改变（并未改变）、企业经理人的地位是否日益重要（的确如此），及现有会计核算方法是否有助于投资人甄别这一优势（并无帮助）。

在 20 世纪 90 年代后期，新经济风头正劲，权威专家们普遍为此兴奋不已。围绕于新经济下企业的成功之道、新经济对企业管理和职场生活的影响等问题，人们所持的观点也大致相同。

查尔斯·汉迪在其 1994 年出版的著作《工作的未来》（*The Future of Work*）一书中颇具先见地预测在未来，接受过良好教育的人士将从事多项目工作，其他劳动者则会从事稳定性较差的分包工作。查尔斯·里德比特的《凭空生活》（*Living on Thin Air*）一书出版于互联网泡沫鼎盛之时，其开篇便讲述了作者作为一名多项目知识工作者的生活；书中还指出，新经济下成功的企业将具备八种特征：模块化、自我管理、自谋其业、整合性、员工持股、深度知识储备、公众认可的正当性及协作领导力。该观点结合了包括"知识创造型企业"（野中和竹内 1991 年发表同名文章提出这一概念）在内的日本管理学说和其时硅谷创新的研究成果。

汉迪和里德比特的论著成书已颇有时日，这些预测也在某些程度上成了现实。汉迪在 20 世纪 90 年代初曾预言将会出现流动性高的"知识工作者"；如今，在全球各大城市随便走进一家咖啡馆，都会看到这些人士的身影。人们在谈论全球最受尊敬的企业时，总会称赞它们在知识、协作和网络化方面的创新；即便在 20 世纪 90 年代的加利福尼亚或日本，对此类创新的赞美也同样颇为常见。

但是还有一些实际情况则与这些预测有所不同，或是因为它们有异于模块化的知识型企业及流动性高的自雇型知识工作者这一趋势，或是因为早在 1999 年的时候它们的迹象还不明显。

这一点在亚马逊仓库得到了生动的体现。2013 年，英国《金融时报》通讯员莎拉·奥康纳发表调查报道，生动地描绘了位于西米德兰兹郡鲁吉利镇的亚马逊仓库内工作和管理的情况。[1] 这里的工作状态同"自主知识工作"可谓相去甚远：员工随身携有 GPS 追踪器，这一装置可以优化订单打包路线。如果订单里只有一本图书，那么追踪器的作用并不明显，但如果订单中包含一本图书、一台吸尘器、一套《地产大亨》游戏棋牌和一副滑雪板，那么这一高科技产品就会大有用武之地。此外，管理人员还可通过追踪器随时掌握员工的位置信息和移动速度。奥康纳称，管理人员也会发送信息催促员工加快行进速度、提醒他们涂抹凡士林油防止脚底起泡（文章指出，员工单个班次走动距离最长可达到

15 英里[①]）。新经济并没有把所有人都变成"自我助益型媒体节点"（讽刺作家查理·布鲁克对 20 世纪 90 年代后期知识工作者的戏谑称谓）。伦敦肖尔迪奇和纽约威廉斯堡的大街小道上穿梭的时尚人士和看板模式管理下的日式工厂里忙碌的制造工人固然是无形经济的代表，亚马逊的配货仓库和星巴克的运营手册也同样是无形经济的象征。

新经济下出现的第二个出人意料的现象是经理人崇拜的兴起。机场书店的货架上陈列着琳琅满目的高管传记、管理圣经，达沃斯论坛的会场里聚集着受邀出席的企业经理人。通用电气前首席执行官杰克·韦尔奇甚至还开办了以其名字命名的管理学院。此外，众所周知，企业高管的薪酬也极为丰厚。然而，"经理人崇拜"正为新兴的"领导力崇拜"所取代。图 8.1 以十年为节点统计了《哈佛商业评论》中"领导力"和"管理"作为文章主题被提及的次数。从中可以看出，"管理"的提及次数一直呈稳步上升之势，而到了 21 世纪，"领导力"的提及次数开始呈现爆炸式增长。

图 8.1 《哈佛商业评论》中提及"管理"和"领导力"的次数
来源：作者据《哈佛商业评论》文章标题计算得出。

[①] 1 英里 ≈ 1.609 千米。——编者注

从诸多角度审视，这种崇拜现象都极为令人费解：毕竟按一般看法，我们如今生活在一个尊崇消解的年代，人们也不再迷信权威。随着社会规范的变迁，人们也**不再仰望经理人和领导者**。

新经济下出现的第三种出人意料的情形可称为"急速扩张"。一方面，小型的多项目承包商和网络化的精益企业源源不断地涌现，另一方面，估值动辄高达数十亿美元的巨型企业也纷纷脱颖而出。如第 4 章所述，领先企业的领先优势不断扩大，企业的利润率、生产率持续上升。

PayPal 联合创始人彼得·蒂尔在其著作《从 0 到 1》中以生动的笔触探讨了这些问题，他在书中强调，企业成功之道在于充分利用网络效应和规模经济。蒂尔指出，社交网络平台推特能够轻松地扩大规模，相比而言，一家瑜伽工作室则较难实现规模的扩张。

我们认为，这些看似矛盾的变化均可归因于无形资产的基本经济特征。首先需指明，除了社会规范变迁之外，企业的发展变化也同样会带动工作模式的变化，并催生经理人崇拜。由于这些企业需要参与市场竞争，因此我们先列举企业面临哪些竞争压力，以及无形资产的增长将如何改变企业的应对模式。下文将探讨，无形资产密集型经济的竞争压力将推动企业趋向于扩张规模和加强管理。这不仅会改变企业的竞争模式和管理模式，还会改变投资者寻求回报的途径。本章文末将就此给出若干建议。

竞　　争

企业战略、企业管理、企业会计和经济学领域的专家们常常会被问到一个重要的现实问题："**我的公司怎样才能提升业绩?**"实际上，答案是多种多样的。

我们先来对这个问题进行一番提炼，因为答案取决于如何定义"提升业绩"。一种途径是操纵短期会计数据。如第 7 章的案例所述,削减研发投资能够减少当期支出,而如果前期的研发已开始持续地创造收益,那么削减研发投资的做法在几年内不会对企业收入产生负面影响。企业的收入不变,而成本下降,于是出现了利润上升的表象。本章后文将论及,如巴鲁克·列夫和谷丰所言,在现有的会计惯例下,外部投资者很难觉察企业是否有此行为。我们暂且不妨将"企业如何提升业绩"的问题加以深化,思考"**企业怎样持续性地提升业绩**",即不借助短期操纵的手段实现业绩的提升。[2]

如想知道企业如何打造竞争优势,最简单的途径是设想存在一个无法打造持续竞争优势的环境。美国农业部公布的数据显示,2016 年爱达荷州的农场总数约为 2.5 万家,种植面积接近 1 200 万英亩[①],农场平均面积为 474 英亩(其中 60% 的农场面积小于 100 英亩)。[3] 由此可知,每家农场约占总耕地面积的 0.004%。在地理条件优越、盛产马铃薯(在马铃薯种植季节,该州南部地区白天温暖、夜间凉爽)的爱达荷州,本地农场之间并无显著的优势差异。同时,其作物产出、各项投入、机械农具、土壤状况和种植技术也大体相当。

综上可知,如果企业独具专长,或坐拥独特资产,则可借此获得持续竞争优势。爱达荷州各家农场的作物产量并无较大差异,但由于它们坐享本地区的独特土地资产,因此其总体产出水平高于加拿大某处的农场。当然,除了要素投入之外,声誉或客户网络(瑞士手表的声誉或脸书的用户网络)也同样可成为独特的资产。管理学界将其称为"战略资源",并归纳出了它们的三大特点,即蕴含价值(如专利)、供给稀缺(如繁忙机场的一处停机位)和难以模仿(如瑞士手表的声誉)。[4]

因此,经理人最常听到的建议是打造、维护企业的独特资产,投

---

① 1 英亩 ≈ 4 046.86 平方米。——编者注

资人最常听到的建议则是寻找拥有独特资产的企业。那么，在无形资产密集的经济体系下，这些建议是否会有所不同？答案是否定的。无形资产的日趋密集恰恰反映人们逐渐采纳了这些建议。为什么这么说？

多数的有形资产都没有"独特"之处。某些定制的机器可能较为独特，但是大多数的有形资产并不具备这一特性。一家银行可斥资建造气势宏伟的总部大楼，在大厅内可以看到宽敞高阔的中庭、色彩缤纷的鱼缸和简约清新的前台，但其他企业同样也可以做到。相比之下，本书所探讨的种种无形资产——企业声誉、产品设计、客服培训则颇具独特之处。企业如可将上述资产加以整合，则可称之为最独特的资产，因此组织模式本身也是一大重要的无形资产。

彼得·蒂尔的《从 0 到 1》一书对上述观点多有提及。蒂尔将专有技术、网络效应、规模经济和品牌推广视为企业成功之道。蒂尔的建议同第 3 章探讨的基于无形资产 4 个特性的无形资产型企业发展策略颇为契合。比如，蒂尔指出：推特实现规模扩张较为容易，这是规模经济在现实中的极佳案例；同时他还以瑜伽馆为例，指出其业务扩张较难，因此只能维持小规模运营，而前文讨论的莱美国际采取了与传统健身行业颇为迥异的商业模式，并凭借这一模式实现了规模的扩张。

蒂尔强调了网络效应的重要性。他认为在将来，政府在企业走向成功的过程中将发挥日益重要的作用。同蒂尔联手创办 PayPal 的埃隆·马斯克如今投身于自动驾驶和电动汽车行业，这一领域的发展也高度依赖于网络效应。早在 19 世纪，企业家们就已对网络效应颇为熟悉：彼时马匹、马车较为普及，因此需要大型的马厩网络提供饮马、饲马和马车维修服务；后来，燃油汽车取而代之，因此所需要的是大型的修理站和加油站网络，如今的电动汽车则需要充电站网络。网络的构建有赖于政府部门施以援手，身为企业家，马斯克一方面争取到了政府的支持，另一方面则推动了行业技术的发展。优步和爱彼迎面临多重法律困境，举步维艰，这也同为类似的案例。

但是，蒂尔似乎忽略了成功企业的特征还包括构建良好的组织：沃尔玛和凯马特同为零售企业，两家旗下的运货卡车、门店设备、库存商品也大同小异。但二者的迥异之处也显而易见，其部分原因可归结为企业的声誉及组织模式。那么我们就来探讨"组织"，特别是"管理"和"领导力"的作用。

管　　理

一向备受追捧的经济博主克里斯·迪洛[5]认为，经理人之所以如同名人般备受尊崇，其原因在于"基本归因错误"的认知偏差。如第 5 章所言，如将企业的成就完全归功于经理人一己之力，而忽视了科技进步、经济形势和企业组织资本的作用，则有可能导致企业经理人薪资过高的问题，而经理人或领导者也借此成了货物崇拜的对象。迫于时代和社会规范压力，董事会为经理人提供了优厚薪资，粗心的股东们也并无异议，而外界则对此诟病颇多，薪水最高的经理人所得报酬甚至数倍于总理或总统薪水的水准，在公共部门也同样如此。

杰出经济学家、教育家罗素·罗伯茨指出，名人崇拜的现象在文献著述中早有记载。亚当·斯密在 1759 年出版的《道德情操论》一书中写道："我们经常看到：富裕和有地位的人引起世人的高度尊敬，而具有智慧和美德的人却并非如此。"这番话颇有先见之明地预言了当今世界对末流名人的崇拜。斯密认为，迷恋于被爱者源于我们自身对爱的渴求，因此无论其道德品格如何，经理人自然会成为名人崇拜的对象。

管理与监督

如前文所言，无形经济下，企业将创造出更多具有沉没性、扩展性、协同性和外溢性的无形资产。这些特性能否解释经理人崇拜现象？如想回答这一问题，我们不妨先退一步去思考另一个基础问题：经理人是做什么的？

仅凭日常生活经验即可回答这一问题：经理人是管理者，他们的工作是带领企业发展、制定企业战略、鼓舞员工士气、激发员工斗志、规划企业方向、执行企业战略。然而稍加思索，又会觉得也不尽然：他们热衷于开会，给自己加薪，一旦出现问题又会极力推诿。

上述现象无法解答之前的疑问，因为它们并非答案所在：它们只说明了经理人**在做什么**，而并没有说明经理人应该**做什么**。人们雇人擦窗一般都是先询问价格，谈妥后工人再开始清洁工作，之后雇主会快速检查一下，确认窗户干净后再支付工钱。

这一交易既没有管理、领导和战略方向，又没有管理顾问，也没有财务顾问、法律顾问和健康与安全顾问；在经济学家们看来，其原因在于，这一交易过程是由市场驱动的：首先双方约定价格，之后卖方交付，最后买方付款。

但雇人擦窗显然不同于经营企业。企业和员工会约定劳动力价格，但双方并不会（也不应）喋喋不休地商讨薪资、约定责任。与雇人擦窗的房主相比，企业管理者拥有**权威**——他们有权向员工发号施令，也有权开除拒不执行者。当然，如果房主对擦窗工的工作极不满意，也可以拒付报酬，将其赶出房门，但这只能说明房主可选择终止商业关系。企业则与此不同，经理人有权决定员工能否使用企业的机器设备，以及员工能否代表企业进行交易，并借此充分利用企业的声誉开展工作。由于房主并无权威，因此无权阻拦擦窗工自带水桶工作，而擦窗公司的管理者则有权对此提出要求。

因此，对于经济学家而言，问题并不仅仅是"经理人是做什么的"，这一问题背后还隐含着一个更为深层的问题："**权威在经济中发挥着怎样的作用？**"这个问题看似简单，实则颇为复杂。欲探究其原因，可以朝鲜为例，对于该经济体而言，其答案也颇为明显。中央计划经济体系下，权威属于决策者：食品怎样分配、何时供电、人们从事什么工作等所有事务的决策都由规划机构完成。因此，权威属于决策者。

那么，非中央计划经济体系下应该由谁来决策？围绕这一问题，弗里德里希·冯·哈耶克给出的解答颇为精妙：无人决策。他本人也借此荣获 1974 年度诺贝尔经济学奖。市场经济下，到商店购买铅笔的消费者并不知道铅笔生产者（石墨开采者、木材砍伐者、产品运输者）是谁，因此无法对其发号施令。参与生产的铅笔制造商、石墨矿商、伐木商和卡车运输商通过价格体系获得指令（而不是按照某位消费者的指令）进行生产。如果铅笔的价格出现上涨，那么石墨开采量、木材砍伐量和运输量也会随之上升。既然由价格系统发布指令，也就不需要个人权威担负此任。

在此基础上，另一位诺贝尔奖得主罗纳德·科斯于 1937 年提出了一个看似简单，却意义深远的问题：那么企业为什么仍然存在？既然市场已经能够有效地协调经济体系，那企业存在还有什么意义？科斯的解答是，相较于市场协调，企业协调的成本更为低廉。他认为，如通过企业内部进行协调，其成本颇为高昂，原因在于须掌握市场价格，以及须为每一笔交易商讨合约。

经理人的作用正在于此。如果市场无法发挥协调作用，而权威又可担负此任，则需要有人行使权威，经理人便充当了这一角色。依其定义，经理人为企业中的权威者。这一简洁定义亦为统计机构所采纳：其职业问卷调查要求填报者申明是否为经理人。[6]

　　企业可通过行使权威降低内部成本。雇主可借此发号施令，将任务交由雇员执行，从而免于陷入无休止的讨价还价。因此，经理人的工作是通过行使权威在企业内部进行协调，这是市场无法做到的。

　　科斯的观点极具影响力。联邦快递司机曾因不满承包商的身份将企业告上法庭，要求获得雇员身份，加利福尼亚州法院于2014年就这一争端做出了判决。[7] 如果当时科斯还在人世（他于此前一年离世，终年102岁），他将会是担任专家证人的绝佳人选。由于联邦快递会向送货司机下达工作指令，法院据此认定联邦快递为雇主——这正是科斯的理论逻辑。

　　上文谈到的亚马逊仓库便是"行使权威"的极佳案例。企业通过全面缜密的工程学设计，打造出了一套仓库最优路线规划系统。如经济学家路易斯·加里卡诺所言，信息技术的发展改善了组织内部的信息流动，而信息价格的下跌则可导致权威的弱化：企业内层级体系分崩离析，自主型员工可直接向经理人发送电子邮件提交创意。但是与此同时，IT技术的发展又提高了监督工作的效率。例如，在亚马逊仓库的案例中，IT技术强化了"命令与控制"式的组织设计。

　　此类非自主型工作之所以会出现出人意料的增长，其部分原因在于组织发展和软件等无形资产提高了监督的有效性，从而使这类工作替代了自主型工作。类似于机器推动了体力劳动的自动化，在适宜的环境下（或者说应该是在不适宜的环境下？），无形资产也可推动自主型工作的自动化。马克思主义经济学家将这一额外的监督作用称为"权力偏向型技术变革"。其他例子还包括收银机和卡车转速表（被戏称为"驾驶室间谍"）。总而言之，工作模式的变化，乃至管理模式的变化取决于企业在无形资产价值链上所处的位置。

无形资产密集型经济下的管理之道

如果"管理"仅仅只是"监督"而已,那么监督技术(IT技术等)的发展也必将推动管理模式变化。实际上,如果通过定位软件即可行使权威,那么对管理的需求或许会随之减少。无形资产似乎同经理人崇拜的加剧和薪酬的上涨并没有特别的关联,也不是其致因。那么,相较于有形资产密集型企业,无形资产密集型企业的运营是否更加依赖管理和权威?

继科斯之后,经济学界又掀起了第二次研究热潮,奥利弗·威廉姆森等人深入思考后指出,科斯所言的议价问题可通过企业内部监督和权威加以解决。威廉姆森认为,假若各方已经投入了沉没成本,议价的成本便会升高。比方说,如果铁路公司已铺设部分轨道,并将资金投到相关业务和线路上,那么工人们的议价权便会加强;另一方面,如果企业预计到会出现这一不利情形,则可能会在一开始便放弃投资——这便是经济学上的"套牢问题"。

那么,如果企业的无形资产投资规模庞大,并且已经沦为沉没成本,则极有可能会出现"套牢问题",继而导致议价成本高企。如果企业经理人能够行使权威,借以避免潜在的高成本、高浪费的劳资议价,则有可能为企业创造极高的价值。因此,经理人薪酬优厚的一个原因或许在于:在无形经济下,企业所面临的风险显著提升,因此对经理人的需求也随之大幅增长。

无形资产的其他特性也同样会导致企业更加需要经理人的内部协调工作。同理适用于无形资产的协同性。如果企业想充分吸纳无形资产潜在的大规模协同,则需要推动企业的内部交易,并促成无形资产同其他沉没性无形资产的相互作用。如果这些无形资产配置组合后可产生规模效应,企业也可借此扩大规模,对经理人的需求因而也会大幅提高。

　　所有企业的管理都离不开权威和协调，随着企业投资逐渐转向无形资产，企业对协调的需求会不断攀升，对经理人的需求也会随之增长。那么，这些经理人究竟会做什么工作？

　　解答这个问题的一种思路是先去思考另一个问题：如果在无形经济体系下，明星经理人的有效协调工作备受重视，那么这些优秀的经理人为什么没有成为整个经济体系的主导力量？由于无形资产具有扩展性，因此可催生赢利能力极强的巨型企业（脸书等）。那么，无形资产能否催生用工规模庞大的巨型企业？毕竟巨型企业的员工人数众多，这有利于无形资产协同的内化。

　　一种解答是，路径规划软件等无形资产的出现使监督变得更为容易，而这有利于企业扩张规模。然而对此构成制约的因素在于，管理大型企业本身已经很不容易，管理大型无形资产密集型企业更是难上加难。由于人的注意力持续时间和负荷能力存在先天限制，因此无论是在有形资产型巨型企业中还是在无形资产型巨型企业中，推行权威管理均颇为不易。对于无形资产密集型企业而言，两大挑战尤为严峻。

　　第一大挑战的形成可归因于无形资产所特有的协同效应。由于无形资产经组合配置所形成的整体价值有可能会高于各部分之和，因此信息的共享颇为重要。那么，无形资产的配置是否应当以权威管理为组织模式？这取决于企业的信息结构：换句话说，经理人和员工谁更了解企业的运营状况？

　　通常来说，很多企业的经理人高高在上、遥不可及，而员工则更为了解企业的运营情况，但是，在拥有协同性资产的企业中情况与此恰恰相反：经理人更为了解企业的运营情况，原因在于只有他们能够统观全局、发现协同的整合模式。故而，双方都不可或缺。那么，权威管理是否适用于信息构建的组织规划？这一点尚不明确。

　　无形资产密集型企业管理的第二大挑战是，随着企业的用工类型日渐偏向于知识型员工，掌握缄默知识的核心知识型员工将会发挥更为重要的作用。保护实物资产较为容易，企业只需配以门锁和钥匙便可实现；相较而言，保护无形资产则较为困难。

这也意味着无形资产密集型企业将会青睐能够在组织内部促成信息的上下流动，并吸引忠诚员工留在企业的经理人。这类经理人通过行使权威的方式构建良好的组织。

构建良好的组织

米尔格罗姆和罗伯茨观察发现，人事部门被普遍视为组织一切弊端的集中代表。或多或少有过职场经历的人士对此或许颇为认同：无论是亲身经历，还是有所耳闻，在经理和普通员工看来，人事部门有求不应、墨守成规、官僚做派。他们的决策永远遥遥无期，似乎目的只是维护他们自己颇为珍视的规章、流程，及岗位／薪酬曲线和经验／薪酬曲线，而不是为了吸引、奖励、留住组织内的优秀人才。除此之外，他们对抱怨之声充耳不闻：每次联系总是在开会，也不回电话。

如果说人事部门恰恰是问题本身，而非解决之道，那么又应如何看待明星经理人？鲍里斯·格鲁斯伯格、安德鲁·麦克莱恩和尼廷·诺里亚分析了1989年至2001年间从通用电气离职，转而掌舵其他企业的20位经理人的业绩。研究发现，在采样周期内，诸多美国大型企业的首席执行官职务均由通用电气公司前员工担任，其中包括3M公司的詹姆斯·麦克纳尼和家得宝公司的罗伯特·纳德利。研究者们分析了企业首席执行官任期前三年中企业的利润水平（同具有可比性的企业进行比较），其结果却令人大失所望：尽管经理人们普遍被视为西装革履的超级明星，但是其中部分人的业绩却远不如外表那样光鲜。研究者们分析的20家企业中，只有9家的业绩遥遥领先于同业公司（据测算，年化异常收益率为 14.1 %），另外 11 家的业绩表现则远逊于竞争对手（年化异常收益率为 –39.8 %）。

那么，良好的组织应具有怎样的特征？亚马逊仓库的答案是"加强协调"：发布更多指令、起草更严苛的劳动合同、加强执行针对离职员工的非竞业条款。尽管此举可能会带来其他影响，但是对于一些企业或部门而言，加强协调却不失为一种发展良策。例如，对于亚马逊而言，"快捷送货"的声誉离不开对配货员的严密监督；而对于星巴克而言，咖啡产品的声誉则可归功于对咖啡师的精细指导。

部分系统的证据可佐证这一观点。经济学家尼古拉斯·布鲁姆和约翰·范·雷南及其合著者就企业管理质量开展了广泛的调查。由于管理质量难以衡量，研究人员根据麦肯锡的管理实践研究设计出了一系列问题（参见 www.worldmanagementsurvey.org），这些问题分为监督（监督企业和改进）、目标（设定并执行目标）和激励（依据绩效奖励员工）。研究人员恰如其分地总结道："我们的方法将管理不善的组织定义为绩效跟踪不力、未制定有效目标、按工龄提拔员工，且未建立体系应对员工绩效持续不佳的组织。与此相反，管理良好的组织则被定义为持续监督、优化流程，设定了综合目标和延伸目标，提拔高绩效员工，并（通过培训或退出机制）处置低绩效员工的组织。"

但这未必是优质管理。以亚马逊仓库为例，如果企业设定了若干延伸目标，那么对于想在圣诞节赚些外快的短期员工而言，短期内卖力工作（奥康纳也提到，圣诞旺季过后很多员工面临着被遣散的命运）对个人和企业而言是双赢之举。但对长期员工会怎样？如果他们节前的工作进度已经很快，经理人或许又会调高目标，要求他们节后再次提速，即魏兹曼所探讨的"棘轮效应"，他认为这一概念源自柏林纳 1957 年探讨苏联计划体制的一部著作。这样一来，配货员们一开始都**不会卖力工作**，这反而同激励方案的初衷背道而驰，因此算不上优质的管理。[8]

如果经理人大张旗鼓地制定目标、评估绩效或开展类似活动，还会滋生政治活动问题。试想，如果员工发觉与其费时费力投入生产、创新、帮助企业发展，还不如花些时间游说经理人更有利可图，那么他们很可能倾向于选择后一种方式，其结果可能会是经理人相信了员工的说辞，认为他们的任务艰巨，所以应当放低目标或追加奖金，并且相信工作的进展成效斐然。经济学家保罗·米尔格罗姆和约翰·罗伯茨委婉地将其称为"影响活动"；耗费于影响活动的时间越多，那么用于生产活动的时间也就越少。这同样也算不上优质的管理。

上述两个案例中，良好的组织需要成员的**付出**。在棘轮效应的案例中，组织未设定不切实际的延伸目标，因此避免了许多波折，并受益匪浅。一种途径是**避免**大肆奖励短期业绩，而在更长时间段内逐期发放奖励。同理，如想减少内部政治活动，组织需确保绩效评估规定**不会**朝令夕改，并以长期业绩为评估依据。米尔格罗姆和罗伯茨认为，（被歪曲夸张的）人事部门的组织设计正是这一投入的体现。如果人事部门有求即应、执规不严，游说行为必将泛滥。人事部门依章办事、避免有求即应，则会抑制影响活动，同时也让其他员工敬而远之。

那么，无形资产密集型企业的经理人应当如何构建良好的组织？一种方法是选择适合于企业的组织设计，其选择取决于组织是无形资产的使用者，还是无形资产的生产者。

如果组织是无形资产（软件、设计、研究）的**生产者**，所采取的组织模式应有助于促成信息的流动、偶然的交流，并吸引人才的留驻；尽管这样做可能会滋生影响活动，但是在这一模式下，员工的自主性更高，组织设定目标较少，组织层级也更为扁平化，类似于查尔斯·里德比特等早期学者提出的自主型组织。这也体现出了系统性创新者日益重要的作用：他们的作用并不在于推动了某项发明创造的问世，而是在于对发明创造上市所需的协同进行统筹和协调。

同样，管理创新过程所需要的技能也将不同以往。如前文所言，随着无形经济的兴起，创新过程也变得日益重要。管理学者马克·道奇森、戴维·甘恩和阿蒙·索尔特认为，传统的"研究"与"开发"分类法被"创新技术"过程的功能性描述（"思考""游戏""实践"）所取代；此外他们还强调了新的范畴：更为容易的创意交流和创意试验，以及更为快速的创意执行。

但如果企业是无形资产的**使用者**（使用路径规划算法的亚马逊仓库、使用特许经营操作手册的星巴克等），那么应该怎样打造良好的组织？这些企业应采取不同的组织模式和管理模式：加强组织层级管理、设定更多短期目标，原因在于，这些企业无须担忧自下而上的信息流动，改善业绩、制止影响活动才是它们需要考虑的问题。

领导力

尽管早期学者所做的诸多预测都已成为现实（拥有高流动性自主型员工的组织等），但他们未曾料到的是领导力的重要性日益提升。如前文所言，权威管理有其不足之处，如无法促进信息流动、无法激励员工付出；我们认为，由于领导力能够弥补权威关系和组织模式的不足，因此它对于无形资产密集型企业而言能够发挥重要的作用。

为什么说领导力不同于管理？一种办法是观察"好"、"坏"领导的所作所为有哪些不同之处：和蔼友善还是冷漠无情？严厉苛刻还是温文尔雅？是否能让员工更好地平衡家庭生活？由于社会规范和管理潮流变化快于多数首席执行官的任免更迭，因此这一方法只是无休止的臆测。

因此，我们应当深入问题的核心所在：显而易见，领导者均有人追随。军队是最为显著的案例。军队中追随者的追随行为具有强制性，因此很容易解释这种行为；更为值得我们关注的是追随者**出于自愿**的追随行为。

在无形经济下，拥有自愿追随者对企业的好处显而易见：忠诚度高的追随者有助于保护企业的隐性无形资本；再者，领导者的激励、和领导者的共鸣可促成追随者彼此协作，并将信息上报至领导者。正因如此，无形经济下领导力将会备受珍视。领导力甚至可消解，乃至消弭权威管理的高额成本及潜在的扭曲问题。

从"体系创新"或"全体系创新"现象中可以看出，在无形经济时代，领导力将会发挥极为重要的作用。埃隆·马斯克致力于打造跨领域（蓄电、太阳能、电动车）的新型产品或精密体系（太空采购、碳信用），因此有人将他视为"体系创新者"。体系创新也是非营利部门广泛讨论的话题。盖茨基金会和彭博慈善基金会等大型资助机构推动体系（发展中国家公共卫生体系或市政公共卫生体系等）的变革。然而，尽管这些组织机构资金雄厚，其规模也不足以直接控制主要经济体系，因此推动体系创新需要借助领导力来实现：说服其他组织、合作伙伴网络，甚至竞争对手共同实现体系创新目标的能力。可以预见的是，随着协同性高的无形资产投资成为经济中的主导投资类型，体系领导力的重要性也会随之提高。其中的一个原因在于，无形经济下的各类投资之间存在着大规模的潜在协同。例如，如果领导者能够推动电池行业在产品研发、系统设计上与电动车行业保持同步，此举也必定会为其日后的成功铺平道路。与此类似，如果最终通过加大公共投资规模的手段破解外溢吸纳难题（第9章将对此展开讨论），那么同庞大的公共部门体系进行协调沟通的能力也自然会成为一种商业上的优势。从这些系统创新者的案例可以看出，无形经济下领导力将会发挥重要的作用。

那么问题是，领导者怎样获得追随者？确切地说，答案取决于追随者的想法。如引言所论，如果企业员工中名人崇拜较为普遍，则追随者的数量可能较多；也有人认为，追随者颇为精明实际，只有在符合自身利益的情况下才会选择追随。经济学家本杰明·赫马林的研究表明，由此可衍生出若干有趣的特征。

其一，领导者应当比追随者更为博学多识。或许这可以解释使命宣言的重要性日渐提高的原因。当然，有些使命宣言只是夸夸其谈，但是，如果使命宣言能够让潜在的追随者确信领导者比他们更加博学多识，那么其重要价值自然是不言而喻的。

其二，领导者不仅自身应博学多识，他们也应让追随者确信于此。这一点可通过几种途径实现。领导者应善于沟通，这自然毋庸置疑，但是更需要注意的是，领导者的投入付出可令追随者更为信服。赫马林指出，领导者投入付出的方式有两种，第一种是以身作则。领导者加班加点，或者自掏腰包投资便是投入付出的表现。第二种方式是自我牺牲。如想知道领导者如何看待项目的前景，只需留心观察他们是否为加班加点工作的员工订快餐，如果领导者真会这样做，则说明员工所做工作劳有所值。

小结：无形经济下的经理人和领导者

那么，经理人能从中学到什么？首先，在无形经济的背景下，优质的组织模式和管理模式将会备受重视。伴随沉没成本累积、投资外溢加大、扩展机会增多、协同效应加剧，需要进行额外的协调工作加以应对，因此企业更加需要采用优质的组织模式和管理模式。

其次，无形资产型经济体系需要怎样的组织类型？从经济角度来看，组织的运作需要协调工作和知识流动，以及避免影响活动；由此可知，无形经济的不同领域将会出现与之相适配的组织类型。无形资产（软件、设计、研究）的生产者需要采取员工自主性更高、组织设定目标较少、层级更为扁平化的组织模式，这样做的弊端在于部分时间会被消耗于影响活动，但它也有助于构建可促成信息流动、偶然交流，并吸引人才留驻的组织；无形资产（星巴克特许经营操作手册的规定内容等）的使用者则需要加强管控和权威，以确保充分地利用无形资产、抑制影响活动。

最后，无形经济下的企业不仅需要经理人，更需要领导者。对于多数无形资产密集型企业而言，仅仅依靠权威管理并不足以实现知识型员工的协同和企业规模的扩张。企业需要通过领导力来鼓舞员工尽忠、尽职。

如果领导者仅凭夸夸其谈、自命不凡便可获得足够多员工的认可，部分领导者当然也会乐意为之，但是我们认为，如想取得持续成功，领导者需牺牲自我才能实现。领导者应当勤奋工作、尽心尽职；另一方面，他们还应根据企业的实际需要，推行适合企业的组织模式。

综上可知，本章开篇所谈及的管理、领导力备受关注的现象确然存在。其原因并不仅限于态度的转变和社会接纳度的转变，它更在于经济体系的根本转变。但如果需求攀升造成泥沙俱下、鱼龙混杂的乱象，那么既有的社会态度也可能会随之扭转。正如才不配位的领导者会被政界拒之门外，如果商界高管中尸位素餐者比比皆是，他们的社会接纳度也会随之降低。这将会导致领导力颇为难求，一旦获得又会为企业持续创造价值。

投　资

那么投资者应该怎样应对？如上文所言，**回报和稀缺性之间是正相关的**。企业可以通过打造自家特有、难以复制的优势获得稀缺价值。有形资产几乎毫无稀缺性可言——人人都可租赁机器或送货卡车，而无形资产则有可能存在高度稀缺的情形。那么首先需要考虑的是，外部投资者怎样才能获知企业是否在打造无形资产？

投资会计的几个一般性原则

会计学者巴鲁克·列夫与合著者在一系列书籍和论文中提出了一个非常重要的问题：投资者们能否通过会计数据获得无形资产的信息？针对于此，他们近年出版的著作《会计的没落与复兴》（*The End of Accounting and the Path Forward for Investors and Managers*）用书名给出了有力的答案。会计师们编制的损益账户（也称利润表）显示了企业在一个财务周期内的收入流及相关成本。金融分析师们也投入大量时间用以研究利润或盈余——通常指收入与各项成本之间的差额。

会计师们在实践中的做法颇为合乎情理：他们将企业上一年度的收入同相关的成本进行配比，比如将生产皮鞋所用皮革的成本（生产所消耗的原材料成本）计入成本（"销售成本"）。

那么，能否将收入同资产支出成本进行配比？恐怕较难，这是因为根据资产定义，其收入可以持续存在数年，而其成本则计入当年成本，因此同当年收入并不匹配。那么应该如何实现成本和收入的配比？答案是将成本进行资本化处理，即认定有形资产支出能够创造资产。经资本化处理之后，该项资产的费用体现为折旧或摊销：将逐年计提的金额计为费用，并且逐年计提的金额反映了该项长期资产因使用消耗而产生的分摊费用。

除了可将资产成本进行资本化之外，还可以对其进行"费用化"处理：不同于资本化的分摊成本，费用化是将一年内的资产成本计入当期成本。众所周知，正如巴鲁克·列夫的一系列著作和论文有力地指出的，由于收入和成本存在"错配"关系，对长期存续资产的成本进行费用化处理可导致利润扭曲——在成本年度，由于"成本极高"而"收入不变"，因而会出现"企业利润低迷"的表象，但如果资产可为企业创收（卡车、研发项目产生的专利、消费者网络的扩张），那么未来又会出现"成本极低""收购资产极少"的情形，继而造成"企业利润极高"的表象。

无形资产的会计处理：费用化与资本化的比较

上述内容对投资者了解企业无形资产支出颇为关键。那么，实践中无形资产是如何处理的？

就此而言，国际会计规则大体相同。企业从外部购置的无形资产（直接购买的专利或客户名单等）被计为资产，而不是费用，因此对其进行资本化处理；相比之下，企业内部形成的无形资产（内部设计或内部开发的软件等）则会计为费用，而不是资产。这些一般性准则也存在例外情形，但是通常较为罕见。特殊情况下，内部开发的软件或投入的研发支出也可计为资产，尤其是在支出投向有效流程（处于最后开发阶段的成熟研发项目或软件工具等）的情况下。[9]

值得注意的是，这些会计规则具有高度的非对称性。反对者认为，由于无形资产的价值具有极大的不确定性，因此不应对其进行资本化处理，但是这也意味着无论是内部打造，还是外部购置的无形资产都无法进行资本化处理。[10] 英美烟草集团（British American Tobacco）2015 年财报显示，该企业拥有价值近 100 亿英镑的无形资产（其财产、厂房、设备等有形资产的价值仅为 30 亿英镑），而当期无形资产的增值大部分来源于企业收购（收购乐富门等）形成的商誉，极小一部分来自内部的软件开发投资。如果企业选择内部投资打造品牌，则其无形资产增值将为零。[11]

其结果便是大量投资（至少是大量内部投资）未能得到体现。这真的重要吗？有三项实验可以表明答案是肯定的。第一项实验较为宽泛，但颇具揭示意义。巴鲁克·列夫和谷丰研究了20世纪50年代到21世纪最初10年间的上市企业，他们以10年为一个节点分析了每组企业的账面价值和盈余同企业市值之间的相关性。其研究结果颇为引人注目，如图8.2所示，几十年中它们的相关度出现了大幅下降，这表明企业财报有关市值的信息含量的确出现了显著的降低；与此同时，研发及销售总务管理支出与销售额之比出现了上升（见实线）：其原因在于，会计规则将多类无形资产投资（设计等）计为销售总务管理支出。

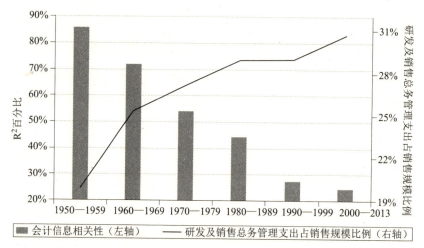

图8.2 企业财报有关收入和账面价值的信息价值在逐渐下降

注：方柱代表每十年中上市企业的盈余和账面价值所占市值的方差分数。斜线代表研发和销售总务管理支出与企业销售规模之比。

来源：Lev and Gu 2016.

第二项实验来自玛丽·巴思、罗恩·卡什尼克和莫琳·麦克尼科尔斯的研究。研究者发现，无形资产支出较高的企业（以研发和广告投入为衡量指标）获得分析师关注的可能性远远高于其他企业。这也表明：无形资产密集型企业及行业财报的信息含量较低，因此需要分析师运用专业知识发掘额外信息。

在第三项实验中，会计学者艾斯特·亨、伊拉尼特·加维厄斯、巴鲁克·列夫选取了使用两种不同会计规则编制财报的 180 家以色列公司作为研究样本。一般公认会计原则（GAAP）将企业研发列为费用，而欧洲企业普遍使用的国际财务报告准则（IFRS）则允许将"研发"中的"开发"阶段支出进行资本化处理。因此，研究者们能够直接测试"开发"阶段的额外信息（在一般公认会计原则下并未得到体现）是否具有信息含量。果不其然，这些额外信息的确有助于预测股价。

投资者应该怎样应对？

在此背景下，股权投资者们可以选择采取以下几种策略。

第一种策略是分散化投资，即买入各家企业股票，从而规避信息发掘难题及投资外溢问题。回顾百代研发 CT 扫描仪的案例：百代股东关心的是投资回报，因此必然希望百代终止对 CT 扫描仪的投资——从企业角度来看此举无疑会耗费财力，但其研发外溢又惠及市场后起之秀，比如通用电气和西门子。后两家企业的股东当然乐于看到百代继续推进这一项目。

由此可推及一个普遍规律：如果股东持有经济体系内所有企业的股票（换言之，他们是真正意义上的分散投资者），那么他们也完全可以接受企业投资高外溢资产，因为他们懂得，即便一朝"失之东隅"，他日仍可"收之桑榆"，所失终会有所得相抵偿。

但是投资者又会面临另一种两难境地。分散投资和集中投资是全然相反的两种策略：投资机构如果选择分散持股于所有成分企业，那么在这种情况下，其持有的每一企业股票数要远低于集中持股几家企业情形下的每一企业股票数。此外，如前文所述，集中持股的投资机构乐于充分地了解所投企业涉足的业务，从而对投资选择进行评估，因此更有可能支持企业经理人投资于时间跨度较长的高利润项目。对于支持上市公司投资长期无形资产项目的人士而言，这无疑是一种两难的困境：一方面，投资者股权集中颇为有益，而另一方面，股权分散也同样如此。集中投资者的存在促使企业投资研制他莫昔芬、兴建巨无霸工厂，而分散投资者的存在则可推动企业斥资研发 CT 扫描仪、创办贝尔实验室。

如果部分类型的无形资产投资遭到系统的低估，投资者还可以采取另一种策略：甄别优质的无形资产投资，为相关企业提供中期支持，此举可为企业创造发展机遇；而投入时间去评估、了解各类无形资产的投资潜力也是劳有所值。尽管个人投资者想做到这一点殊为不易，但对于资产管理人来说却并非难事。这一策略有助于资产管理人深入了解企业、发掘表外信息，从而提高投资者服务质量。资产管理人需要系统地收集信息，了解企业的无形资产投资及其成功所需条件。在无形经济时代，这些技能将会备受重视。

这一观点同经济学家约翰·凯在《他人之财》(*Other People's Money*) 一书中所提的见解颇为契合。约翰·凯认为，在其诞生之初，股票市场仅仅是企业向零散股东筹集资金以支持大型基建项目（通常为修筑铁路）的工具。但如今的市场已无这一功用。极少有新的项目通过股市融资。（实际上这恰恰证实了"股市未能有效服务早期企业"的假设。）而相互交易的大型资产管理公司成了股市的主要参与者。约翰·凯认为，大型资产管理公司会通过预估他人对资产的估值（而非标的资产本身的价值）这一方式寻求获得高出市场整体水平的超额收益（寻找"阿尔法"）。

约翰·凯认为，金融部门将回归"资本配置"的核心功能，其实现方式包括机会搜罗和资产管理：前者指寻找新的机会，后者则指监测经济体系内的长期资产。约翰·凯预测，在未来，资产管理人的功能或许远不止于此。其功能的实现有赖于其专业领域内信任和长期关系的构建。随着无形资产的整体规模日趋扩大，而企业财报的信息含量又明显不足，这些都会成为变革的驱动因素。

小结：无形经济下的竞争、管理与投资

无形资产投资的增长对经理人群体的影响颇为显著，但是其对不同企业的影响则不尽相同。创造无形资产的企业需要实现协同效应的最大化，为创意的借鉴（以及吸纳他人无形资产投资的外溢）创造条件，以及吸引人才的留驻，这似乎同时下流行的知识型企业颇为相似，而使用无形资产的企业所需要的管理模式与此颇为不同（尤其是如果企业的无形资产是它的组织架构和流程）：这些企业需要更为严苛的管控——亚马逊仓库便是一例，但亚马逊总部则不在此列。此外，由于领导力有助于企业协调各领域无形资产投资，并充分利用其协同效应，因此其将会日渐受到重视。

财务投资者如能充分了解无形资产密集型企业的复杂性，则可凭借于此获得丰厚的投资回报。随着无形资产的不确定性加剧、企业财报的重要性下降，优质的股票研究和管理分析将会更加受到重视。但在同时，投资者又会面临困境挑战，一部分原因在于随着监管的收紧，机构投资者更加难以资助股票研究；另一部分原因则在于股权分散（使得无形资产投资的外溢惠及股东）和股权集中（能够降低研究分析的成本）之间存在内在矛盾。

9 公共政策的五大难题
"幻境国"的机会

由于无形资产投资和有形资产投资具有不同的特性，因此在无形资产投资主导的时代，政府促进经济增长的政策手段也会有所不同。这将对知识产权规则、新市场与新机构、金融体系，及公共投资产生哪些影响？本章将对此展开探讨。

对于政界人士和政府机构而言，应对突发事件可谓家常便饭：他们需要随时准备应对可能出现的危机会议、紧急响应、国家挑战等突发情形。无论其结果成效斐然，还是适得其反，有一点是毋庸置疑的：每每有此类情形发生，政治家们必然会加以应对、寻求化解。

但是另一方面，面对缓慢、渐次的变化，政治家们则会有些手足无措。无形经济的兴起便是这样的一个例子：如前文所言，过去三十多年中无形资产投资出现了稳步的增长。这并不是一场突如其来的变化，政府不会因此召开紧急新闻发布会，更不会为此出台一揽子应急措施。尽管时不时地会有一些权威专家和评论人士将其谬称为"革命"，但是同革命相比，其进展过于和缓，其变化过于细微，因此不会纳入多数政策议程的讨论范围。

对此，"不幸"已是最温和的评价。具有鲜明经济特性（第3章阐述的4s效应）的无形资产投资是引发一系列经济问题（生产率停滞、不平等加剧等）的重要因素。因此，有充分的初步理由认为：政府应调整政策，将无形资产投资纳入考虑范围。

我们认为，随着经济体系中无形资产投资的重要性日渐提高，有五大亟待解决的问题摆在了政府面前，本章将进行一一列举。我们承认这些绝非立竿见影的良方妙策，恰恰相反，它们都是尚未破解的困境和难题，也无法充当起草宣言的现成素材，但是我们相信，在未来十年中，它们对于政治的重要性将会与日俱增，因此各国政府须着力破解方可实现繁荣发展，而不应对其视而不见、避而不谈。

无形经济下的政策挑战

本书前面的章节指出了无形资产密集型经济体系所具有的若干特性，这些特性对于政府决策者而言既意味着挑战，也意味着机遇。下文将回顾其中最为重要的五大挑战。

首先，无形资产往往具有**争议性**：其权属难以证明，而收益则趋于外溢、利他。长期以来，人们都是通过制定知识产权的规则、规范的方式解决这一问题；可以预见的是，随着经济体系变得日趋依赖无形资产，优质的知识产权框架将会更加受到重视。但是难题在于，如何构建"优质"的知识产权框架？

其次，如前文所言，协同效应在无形经济下能够发挥重要的作用。优质的企业创新的核心在于将创意同无形资产结合，很多全球顶尖企业，如谷歌、迪士尼和特斯拉，正是凭借于此傲视群雄。政策制定者应创造条件促进创意融合，并以此为重要目标；既需要破解旧的问题（怎样促进城市高效发展等），又需要应对新的挑战（鼓励围绕新型协作模式、交流模式的研究等）。

接下来的挑战则是第 7 章、第 8 章探讨的融资和投资挑战。如前文所述，企业和金融市场未能投入足够资金打造具有扩展性、沉没性、外溢性和协同性的无形资产；如今的企业融资体系更是加剧了这一问题。这些因素的共同作用可导致经济生产率的下降。可以预见，无形经济的兴起将会推动金融体系架构的重大变革、促进企业无形资产投资便利化；同样不难想象，商业文化的改变将会促进无形资产投资的发展。

然而，即便未来各国政府能够厘清无形资产的**权属**、促成创意理念的发酵、发展有利于企业投资的金融市场，第四大经济挑战也可能仍然存在。如其他条件相同，相较于现今更为我们所熟悉的有形资产密集型经济，在未来的无形资产密集型经济下，多数企业或许更加难以获得资本投资的效益。这将是一个重大变化：资本主义的良好运转依赖于私有企业能够从自家投资中获得部分收益，否则企业会无意投资，而政府将被迫承担此任。在一些重要无形资产的投资上已经出现了这样的情形。例如，多数国家的政府都为基础研究提供了有力的资金支持。由此可知，成功的无形资产密集型经济体将会扩大无形资产（包括但不限于科研活动）类公共投资的规模。随着无形资产对整体经济的重要性日渐提高，经济体系投资中公共投资或将占据更大的比重。

过去四十年中，各国政府一直奉行去监管化、减少经济干预的策略，因此公共投资比重的上升标志着一个重大的政策转向。此外，这对政府部门的效能（能力和公正）和公众认可的正当性提出了更高的要求。本章末尾将就此进行详细探讨。

最后一大挑战是，各国政府须着手应对无形资产催生出的不平等困境。一方面，如第 4 章、第 5 章所言，无形资产投资规模的扩大导致了不平等现象的出现及社会分化的加剧，然而另一方面，第 7 章又谈到了无形资产外溢和协同的充分利用有赖于良好的社会制度和信任。

本章余文将对这五大问题进行逐一探讨。为了便于将其具体化，我们不妨试想：十年后这些趋势如果依旧存在，那么发达国家的企业投资中无形资产投资所占的比例可能会达到 3/5 或 2/3。我们将分别阐述两个虚构的国家所采取的不同政策：随着企业投资从有形资产投资向无形资产投资的转变，子虚共和国（Republic of Foo）采取了有效的应对措施，而乌有王国（Kingdom of Bar）却未能如此。[下文知识框还将分析另一虚构的国度"幻境国"（Ruritania），借以探讨在无形资产兴起的大趋势下，小国可以出台怎样的政策组合从而获益。]

无形资产权属规则和规范的明晰化

长期以来，人们通过制定规则、确立所有权的方式鼓励无形资产投资的发展，专利和版权便是颇具代表性的案例；这些规则甚至写入了美国宪法。通过立法手段对非权利持有人擅用资产的行为加以禁止将有助于解决投资外溢的问题。

如果政府寻求减少无形资产外溢，一种方法是制定出台更为严格的法律，并扩展其适用范围。比如扩大无形资产（设计等）附着专利权及知识产权的保护范围、延长其保护期限，并容许企业制定竞业禁止条款（提高参训员工跳槽难度，从而帮企业减少培训外溢）。再者，这一做法也能够降低企业的知识产权保护成本。

上述举措都有助于企业更好地利用自家的无形资产投资，但是其中的代价也颇为高昂。强有力的知识产权保护会导致其他企业难以实现无形资产的协同，因此此举在鼓励企业投资的同时，也会造成生产率增长的下降。如布朗温·霍尔所言，由环环相扣的专利形成的专利组合时而

196

会阻碍企业间的竞争。由于在部分情况下，协同效应可极大地促进生产率增长，因此我们有理由弱化知识产权保护力度，而不是予以加强。例如在软件专利和电信领域，环环相扣的专利大量存在，这导致创新企业在同专利持有人的议价过程中处于劣势。强化知识产权法规的做法还会带来一个更深层次的风险：其实施可能会产生不均衡和不公平的问题，这不但无助于促进新型的无形资产投资，反而可能会导致专利持有人和专利投机者从中受益（通常这两个群体都会投入大量资源进行游说活动）。

但是我们也同样有充分的理由推动知识产权的**明晰化**，原因在于：运转有序的专利审批机构可将模糊不定的专利申请拒之门外，而清楚明晰的法律程序则可确保知识产权所有人权益的保障有据可依、行之有效，还可使其免于陷入缠讼，有效的法律程序还可抑制专利投机行为（在素以"善待"专利投机者著称的美国得克萨斯州东区法院，此类案件屡见不鲜）。

产　权

子虚共和国的经济体系内无形资产投资规模庞大。其知识产权法律明晰，知识产权法庭标准一致、管辖范围明确；同时，运转有序的专利版权机构可将令人迷惑、过分宽泛的知识产权声索拒于门外。	在乌有王国的一些领域内，知识产权持有人的游说活动颇为有效，故而与其相关的知识产权法规也会较为严格；但在其他领域则存在法规界定模糊、管理混乱的情形，这导致争议不断的劣质知识产权频频滋生。各地法院判决标准也迥然不同：部分法院偏向于保护权利持有人，另外一部分法院则倾向于维护被告者。

除了知识产权法规之外，无形资产规则还会受到其他因素影响：市场与规范的作用也同样颇为重要。

我们首先来讨论市场。如第3章所言，有形资产不易沦为沉没成本的部分原因在于它可以交易买卖，因此价值为人所知；相较于二手厢货有形物品，专利、版权难以估值，而创建相应的交易市场（伊恩·哈格里夫斯曾于 2011 年建议英国创办数字版权交易所）则有助于其估值；20 世纪早期出现了专利池：企业共同出资开展研究，并约定分享其衍生权益；如今这一机制已在各行各业得到了广泛的应用。

随着科学技术和基础设施的充分发展，此类市场和机构所交易的标的物不仅限于专利或版权等主要无形资产，还会包括谷歌和脸书等企业的高价值数据库及网络中用户生成的微小数据元。哲学家、计算机科学家杰伦·拉尼尔（Jaron Lanier）呼吁构建一套能使生成内容的创作者（指的是在线上线下进行互动交流的所有用户）向数据使用者收取少量费用的体系。构建此类交易机构是一项浩大的工程，需要权利持有人、内容平台、采集机构和政府部门开展大量协调工作，但考虑到在无形经济下高效的知识产权交易市场和交易平台极具经济价值，因此为之付出努力是值得的。

由于无形资产往往能够形成价值极高的协同效应，故而颇为依赖于规定其配置组合模式的规范、规则和标准。其中部分规范为技术性规范，如实现不同软件交互协作的技术协议；另一部分为专业性规范，如风险资本轮次投资策略；还有一部分则为监管性规范，如规定网站采集数据的种类及用途的规则，或调节企业之间关系（YouTube 等平台和视频内容版权所有者之间的关系）的规范。多数规范的形成所依据的是社会共识（软件开发者认为软件应具有兼容性，并反对软件的专有化、封闭化；又如，有人认为数据保护应平衡个人隐私和企业权利，这一理念也对相关立法产生了影响）。

在成熟、稳定的社会共识基础上形成的规则有助于经济体系实现有效无形资产投资的最大化，而这一过程又依赖于相关投资（标准的开发也需要投入一定的成本）及社会资本。在割裂、分歧和漠然的社会当中，社会资本的匮乏会导致人们难以在规则（隐私规则等）上达成稳定共识。从促进投资的角度来看，稳定性的重要程度甚至要高于规范本身，而制定、执行此类规范也成本不菲：既需要投入资金确保专利机构和监管机构经费充足、运转有序，又需要投入政治资本确保监管公平（避免相关决策受到高薪游说人士的左右）。

未来前景：知识产权

以大规模无形资产投资为主导的子虚共和国在各类知识产权（专利和版权等）领域均构建了具有深度的市场体系。该国在各个领域（从隐私保护到医学研究）均已出台了有效的规则和标准，这令其声誉卓著。尽管就其开放程度或保守程度而言，这些规则未必称得上全球之最，但其明晰性、稳定性颇为显著。其稳定性可部分归因于该国公众已围绕隐私和数据使用等议题开展了深入而富有成效的论辩，另一部分原因则可归功于其雄厚的技术基础及实践技能基础。	相较而言，乌有王国缺乏有效的市场，其标准定义模糊，设计缺乏专业性和可靠性，此外还会随公众舆论的转向而摇摆不定。

推动创意融合：实现协同效益的最大化

良好的公共政策不仅应为无形资产的投资者创造产权，同时也需要为知识的传播、交融及成果生成创造有利条件。

尽管屡屡有人断言互联网终将导致"距离的消亡"，但就当前而言，无形资产之间的外溢往往形成于人们聚集的地方，特别是城市。因此，好的城市规划和用地政策极为重要。良好的城市政策应具备怎样的特征？很多文献都对此问题展开了探讨。然而在无形经济的背景下，良好的城市政策应当合乎两大重要原则。

一方面，城市法规不应限制办公用房和住宅的兴建，而应赋予城市充分的空间，使其能够有效利用不断增强的无形资产协同效应。

另一方面，城市应当发展成为交流密切、适合居住的地方。相较于原子化和孤岛化的生活方式，人际接触和交流更有利于协同效应的形成。实现这一点需要达到某种平衡：一方面既应融合简·雅各布斯所提倡的自由主义（容许杂乱、多元地区的存在，而不是在这里修建贯穿其间的多车道高速路），同时又需辅以良性规划，为人们游走其间创造基础设施，为其接触交流提供会面地点。这类城市以合理的规划和有机增长为特点，比如，吸引理查德·佛罗里达笔下的"创意阶层"流入的城市，以及布鲁斯·卡茨笔下在全美遍地涌现的"创新城区"。但此类政策又会不可避免地导致矛盾的出现。在纽约、伦敦等无形资产密集的地区，放松规划法规、允许新建住宅的措施屡屡招致非议，批评者认为这会破坏人们需要的公共空间和文化场所。如想实现城市的良好发展，除了应满足基本的住房和交通条件外，还需要提供基本的娱乐休闲设施，在无形经济时代更是如此。

读到这里，持怀疑态度的读者或会有这样的疑问：城市发展向来需要良好的建设规划和用地规则，这又有什么新鲜的？毕竟学院派经济学家呼吁放宽规划法规已有几十年时间，但是这一倡议却往往面临重重阻碍：有人主张治理城市蔓延和无序发展，房主们也希望其房产能够保值、增值。这是一个老生常谈的问题。但无形资产的兴起所产生的影响在于，随着时间的推移，不佳的城市政策、绿化带保护措施、建筑限高或住宅限建规定将会推高经济成本：随着经济体系日趋依赖无形资产，对无形资产间良性外溢的限制将会越发明显地阻碍经济的发展。

地理学家克里斯蒂安·希尔伯提出的案例有力地揭示了规划限制成本的变化。伦敦的里士满公园位于圣保罗大教堂西南十英里外，在这里登上亨利八世山丘，便可看到如下一番景象：在一条林荫大道的两侧，18 世纪早期栽种的古木傲然挺立，郁郁葱葱的树冠环绕形成了一个巨型"钥匙孔"，从其间远眺能够看到圣保罗大教堂的穹顶。这一景观自 1710 年以来从未发生过变化。此景之所以得以长存至今，应归功于《伦敦景观管理框架》（*London View Management Framework*）的保护。[1] 该法规禁止在里士满公园到大教堂之间一线的视野范围内修建高体建筑；大教堂后方也同样不得修建高体建筑，规划者的理由是这有损其景观。该法规规定："审批（新修建筑申请）时须确保景观背景中的新增建筑低于大教堂，以及穹顶上部的天空背景保持不变。"如希尔伯所言，"尽管对于附近居民和游客而言，此景颇为赏心悦目，但它同时也导致经济'机会成本'堪比天文数字，且不断攀升。保护景观之举导致供应受限，继而推高了伦敦居民的住房成本，并对该地区的生产率产生了负面影响。"

未来前景：土地使用与有形基础设施

代表了未来趋势的高投资型无形资产经济体——子虚共和国大幅调整了其用地政策（特别是大城市的用地政策），降低了新建住宅及办公用房的难度；与此同时，子虚共和国还将大量资金用于打造宜于居住、适合社交的城市所需的基础设施，特别是博物馆、夜生活相关配套设施在内的有效的交通设施、城市设施及文化设施。在某些情况下，这一用地政策会将有损于现存场所的大型开发计划拒之门外。这种变革会带来巨大的政治成本，反对新发展和移居开发的既得利益者的反应会尤为激烈，但是充满活力的城市中心区带来的经济效益的提高使得形势逐渐有利于发展。

乌有王国的城市则陷入了两大发展误区。部分城市的发展误区在于过分注重风貌的延续，却忽视了活力的激发，从而陷入了类似于英国牛津的发展模式：尽管城市风景令人赏心悦目，适宜交际的公共空间也比比皆是，但修建新建筑却需面临重重阻碍。因此尽管其经济颇具潜力，但是很难得到充分开发。

还有部分城市则陷入另一误区，20世纪90年代美国得克萨斯州休斯敦市可谓前车之鉴：该地区监管力度小、规划法规缺位，住宅及办公用房价格因此始终在低位徘徊；但由于缺乏步行可至的中心地点和娱乐场所，因此无法有效地促进无形资产的快速发展。（颇为值得称道的是，在过去的二十年中，这一情况在休斯敦已得到改观。）

此外，另有一些城市则同时陷入了上述两大误区：城市设施投资不足、建筑修造困难重重。上述三种情形均代表了随着无形资产的重要性日渐提升，如果国家无法激发城市活力、推动城市发展，经济将进一步陷入困境。

但是，为资产外溢创造其所需要的基础设施并不只是打造实体空间。尽管当前数字技术（Skype、电子邮件、脸书和Slack等）门类繁多，令人应接不暇，改变着人们的社交模式和协作模式，但其有效性仍然无法同面对面协作相提并论。很多人预言的"距离消亡"尚未成真，但这不代表这一预言永远无法实现。随着新型应用软件的发展，以及网络社交、网络娱乐一代成为职场主力，或许在未来的某个时候，人们将能够借助IT 技术进行更为有效的远程交流。

人们很早就已开始凭借技术提升"群体智慧"，如广为人知的"演示之母"道格拉斯·恩格尔巴特在 1968 年演示了世界最早的视频会议、动态文件链接、版本控制和电子协作。"群体智慧"交织贯穿于维基百科等互联网产品的发展过程之中，如今又以 Slack 和 GitHub 等平台的形式存在和发展。

如果科技和工作模式的发展使得远程交流的有效程度堪比面对面交流，则将推动经济体系的全面变革，尤其在土地利用方面更是如此：摆脱城市中心房价的桎梏将能极大地促进经济发展。因此，尽管"距离的消亡"前景难料，其实现也可能仍需时日，但潜在的经济回报极为丰厚。

政府部门可采取若干措施加速这一进程。适宜无形资产投资的子虚共和国政府可以效仿 20 世纪六七十年代美国国防高级研究计划局（DARPA）的做法，资助探索通过科技提高群体智慧、加强有效协作的项目。（欧盟启动了"地平线 2020"计划，从而为若干研究项目提供资金支持；美国的非营利组织也发挥了类似作用，如麦克阿瑟基金会开放治理研究网络。）子虚共和国还可推进一项更为宏大的计划，即试验性地在政务中引入远程工作工具及远程协作工具，让政府部门率先成为数字协作工具的使用者，之后将其推广至公众咨询、民主审议及其他政民交流活动。

适于无形资产投资的金融架构

如第 7 章所言，设计金融市场的初衷是为了满足企业进行有形资产投资的需求，因而未能照顾到企业进行无形资产投资的需求。尽管改变金融市场的运作模式并不容易，但是多国政府已经在一定程度上推动了改变，包括政府为贷款提供担保，为风险投资等融资模式提供税收优惠，以及最具显著意义的允许债务利息（而不是股权融资成本）税前扣除。政府还可以采取哪些举措帮助无形资产密集型企业获得其发展所必需的资本？

首先，政府部门应鼓励发展新型的债务融资模式、推动知识产权（可附着产权的无形资产）担保借贷的便利化。尽管政府部门并不是金融创新的主体，但是其能够为金融创新提供便利条件。如前文所言，新加坡和马来西亚均已出台了旨在鼓励无形资产担保贷款的计划，措施包括提供贷款补贴，指示政府知识产权机构（专利局等）同银行合作，共同破除法律层面和技术层面的障碍。

从长期角度来看，政府部门应当创造条件推动融资模式从债务融资向股权融资转变。正如前文所述，由于无形资产投资往往会沦为沉没成本，因此通常很难将其作为债务融资的担保物。针对厢货车队和办公用房等有形资产，银行可通过获得的押记权或留置权应对贷款无法偿还的风险，但此举无法用于企业的专有流程和品牌等无形资产。由于企业的债务利息支出可申报减税，而股权融资成本无法申报减税，因此在风险水平一定的情况下，债务融资的成本会低于股权融资成本。随着无形资产投资的重要性日渐提升，这一扭曲问题将会对投资构成越来越大的阻碍。

解决这一问题的一种办法是为股权融资模式提供税收优惠政策，即降低企业的应纳税额，并且降税幅度应当能够反映股权融资的成本；另一种途径则是对企业缴付的债务利息征税，并降低总体税率加以补偿。这一建议可谓广受推崇：比利时已出台税收抵减政策，而诺贝尔奖得主詹姆斯·莫里斯于2011年出版了一部权威的英国税制评论，分析并推荐了这一政策的各种版本。但推行此类计划困难重重，各国政府不应抱有任何幻想：由于需要大刀阔斧地改革公司税制核心内容，因此其势必遭到商业模式依赖于低成本债务融资的既得利益方的反对。这一计划还需要创建新型机构为中小企业提供股权融资，而其出现也尚需时日。但是随着无形资产的重要性日渐提升，推动变革将会带来投资规模和生产率的显著提升。

可以预见，机构将会成为公募股权投资的主导。部分机构能够长期持股无形资产密集型企业，这有利于企业投资规模的提高。政府部门则可发挥若干作用。首先，政府可废除不利于大额持股的规定（包括规定企业可向大股东提供何种信息的披露要求，及哪类股东可通过借入股票行使投票权的规定）。其次，政府可重新审议财务会计标准，从而甄别出能够更好地反映无形资产投资的模式（对此已有先行者开展了探索，如在美国加州筹建的"长期股票交易所"；会计学者巴鲁克·列夫在《会计的没落与复兴》一书中提出了改革的方案）。

如果政府有幸执掌主权财富基金，或资金充足的大型国家养老金基金，那么对于它而言还有另一种策略可供选择。如前文所述，大型机构投资者可以全方位地投资于产业生态，即便无形资产投资未能惠及其投资的个别企业，该机构投资者仍然能够从中获益。规模更大的国家基金可以投资于某个产业生态系统（类似于富达全方位地投资于埃隆·马斯克的无形资产商业帝国）。

伴随着这些监管上的改变，我们谨慎希望大型企业经理人、机构投资者当中将出现文化上的转变。英国的"雄心企业"计划及国际上的"长期资本投入"倡议均主张经理人和大股东进行长期投资（特别是无形资产投资，如研发、组织资本和人力资本）。尽管或许有怀疑者会认为，良言和善意不足以改变大企业的行为，但如能辅之以其他政策或许可见成效。显然，如果企业长期、大规模地投资无形资产，其行为至少可以部分归结为文化因素的驱动。

尽管随着经济体系中的无形资产日趋密集，风险投资也必然随之发展变化，但政府部门能否，或者说应否加大对风投部门的扶持力度？这一点尚不明了。如乔希·勒纳在《破碎的梦想大道》(*The Boulevard of Broken Dreams*) 一书中所言，如果享受的税收优惠，或政府补贴超过一定水平，风投恐将沦为"疯投"（因为税收优惠本身足以令投资者获利），而风险投资本应以"巧投"见长，大幅的税收优惠不仅有悖初衷，甚至可能带来适得其反的效果。如果政府有意培育本国风投部门，则应当给予行业充分的发展时间，并创造有利的框架条件，这要比发放额外补贴更为重要。

未来图景：金融架构

谙熟无形资产发展需求的子虚共和国落实了上述多项建议。该国克服了重重政治阻力和行政障碍，耗费数年时间全面改革税制，实现了企业债务融资和股权融资的税负平衡；此外还深入打造小企业股权市场，并创造性地发展了知识产权担保债务融资市场，最终，该国一举发展成为声誉卓著的股权投资中心。这些发展都可归功于数家大型机构长期持股，此举促使大型上市企业加大投资规模、减少回购数量。	相比之下，乌有王国依旧处境维艰：其小企业融资仍以债务融资模式为主，部分原因在于该国的税制有利于此，另一部分原因则在于鲜有机构能够为小企业提供股权融资。尽管乌有王国亦追随国际潮流，斥巨资发展本土风投业，但由于其政策变动频繁，整体条件也对无形资产投资缺乏吸引力，因此其所付出的努力收效甚微。

化解无形资产投资缺口问题

围绕政府部门如何解决无形经济投资不足的问题，本书至此已经提出了三种解决方案：在可能的条件下推动无形资产权属的明晰化；创造条件帮助企业充分利用无形资产的外溢和协同；鼓励金融改革、减少造成企业投资不足的激励因素。这些方法都颇为值得推行，但是它们仍无法完全解决投资不足的问题——毕竟阻碍企业投资高外溢性项目的潜在激励因素依然存在。随着无形资产在经济体系中的重要性逐年提高，投资不足的问题也将日趋恶化。尽管无形资产投资或存在回报外溢的风险，但有两个群体的经济参与者仍将有意于此。

第一个群体是少数几家居于主导的大型企业。它们不仅可受益于自家的投资，还可受益于他人的投资。这就能够很好地解释谷歌和脸书等企业为什么乐意支持"探月"研发项目、慷慨资助大型城市的"创业生态系统"——如果企业规模庞大、产业多元，投资这些项目或许也符合其"开明的自我利益"。

第二个群体是政府部门和其他公益机构（大型非营利基金会等），二者都应采取更为宏观的投资策略。

从理论上讲，居于主导的大型企业可能会采取过去贝尔实验室的大规模投资策略，即逐步扩大无形资产投资的规模，继而填补其他企业投资不足的缺口。二者甚至可能存在部分相同的潜在动因：贝尔实验室从事于公益性研究换来了美国政府对其母公司 AT&T 垄断电信行业的默许；与之相似，或许在将来，借助网络实现垄断的大型科技公司也会投资于研发和其他无形资产，以此换得部分经营许可。但整体而言，出现这一现象的可能性不大：自 20 世纪六七十年代以来，多数发达国家的政企关系发生了巨大的变化，此类社团主义现象很难会再度地大规模重现；此外，这一模式还极有可能产生导致生产率下降的其他负面影响。[2]（但是，如果越来越多的企业开始效仿微软的路径，即创始人在获得巨额财富后资助公益性质的无形资产投资，那么，这一现象仍有可能小规模地出现。如比尔·盖茨创办的盖茨基金会为热带疾病研究提供资助，而内森·麦沃尔德则为核研究和地球工程研究给予支持。但小规模的资助显然无法填补投资不足的缺口。）

这个时候就需要政府充当"最终投资人"的角色。不可否认，如果企业投资无形资产的难度不断加大，而无形资产对经济的重要性也依然不断提升，那么就需要政府更多地扮演投资人的角色，否则，投资缺口问题的出现在所难免。

这在发达国家中并不是一个完全陌生的概念：发达国家政府业已大规模地投资于企业所用的无形资产（主要体现为公共研发和补贴培训）。英国约有 1/3 的研发项目获得了政府资助，获得政府资助的早期研发项目更是远高于这一比例。但是，稍了解公共部门软件研发的人都会知道，不是所有的政府无形资产投资项目都能够实现良好的运营。那么，在不造成不良投资泛滥成灾的前提下，一个国家应当怎样扩大公共部门投资无形资产的规模？以下是几种切实可行的策略方案。

资助公共研发。首先政府部门可加大研发投入：提高对大学、公共研究机构和企业研究项目的资金投入。政府投资可谓种类繁多，但是研究资助极少会引起争议：无论是左翼的杰里米·科尔宾和伯尼·桑德斯，还是右翼的彼得·蒂尔，又或是政治倾向介于二者之间的政界人士和权威专家都对此颇为青睐。这可归功于前文讨论过的无形资产的外溢效应。由于个人或企业常常无法从其研发投资中获益，因此该特性会促使企业缩减研发，从而导致投资规模难以达到最有利于整体经济的水平；这个时候政府部门就应予以介入：或为高等学府、研究机构提供直接研究资助，或为企业研发提供补贴或税收优惠政策。2013 年，OECD 国家公共部门研发投资总额为 400 亿美元，研发税收优惠总额为 300 亿美元。

公共研究创造经济效益的证据较难评估。但是从我们现有的证据来看，结果确实指向于此。本书作者乔纳森·哈斯克尔同艾伦·休斯、彼得·古德里奇和加文·沃利斯的合作研究表明：政府加大高校研究投资的举措将英国的生产率提高了 20%。（自 20 世纪 90 年代到 21 世纪初，英国高校所获政府资助的规模出现过大幅的波动，其轨迹同生产率的起伏变化呈现了较高的关联性，二者之间存在一个间隔约为 3 年的时滞期。）

如前文所言，相关性无法证明因果关系。例如，许多大学都位于经济发达地区，那么这究竟意味着优质院校可促进一方经济发展，还是说明经济发达地区热衷于兴办大学？如果说大学支出同地方经济繁荣度之间存在着因果关系，那么我们应采取某种策略对其加以识别。

针对这一因果关系，我们不妨试验性地分析美国高校融资所特有的一个惯例，从而巧妙地得出这一问题的答案。经济学家肖恩·坎特和亚历山大·惠利指出，美国多所高校每年的费用支出同获捐金额之比较为固定（约为 4%）。（这一做法被称为"本根法则"——财务顾问威廉·本根计算发现，这一提款率或支出率可确保捐赠基金或养老基金能够持续发展。）因此，伴随着股市的荣枯兴衰，高校支出也会随着捐赠基金市值的起伏一同变化，并不会受当地经济状况的影响。坎特和惠利研究了（因上述冲击而导致的）高校人均开支变化同所在地区的经济状况（以当地非大学员工的薪资为指标进行衡量）是否存在相关性。

研究人员以美国 85 个县 135 所高校为样本进行了分析，结果发现：大学科研活动会随着股市繁荣期提款的增加变得更为活跃（多表现为科研产出量上升），因而有助于提高所在地区的收入水平。如此看来，大学科研同所在地区的经济状况之间存在着外溢关系，并且其存续时间较长（研究者提供的数据表明至少为 5 年），但平均而言，其存续期较为适度。有趣的是，这一外溢关系的强弱因校而异：如果该院校为研究型大学，且当地条件有利于研究成果吸收，那么其外溢规模较大。所说的有利条件包括当地企业科技实力较为雄厚，并且同高校科研（研究者以高校专利为衡量指标）关联度较高。

由此可知，科研政策能够补充区域政策，但无法取而代之。如果高校地处经济较为落后的城镇，除非所在地区能够充分吸纳新增科研成果（高技能劳动者和当地企业能够将高校科研成果投入使用），否则资助大学科研的政策只能取得有限的效果。

公共部门可通过多种途径扶持科研：出资赞助公共研究，设立任务导向型项目，举办科研竞赛，出台减税政策鼓励私企研发，那么哪种措施最为有效？对此争论不一（英国的公共资金研发投入比例大致为：1 英镑投向企业研发补助，3 英镑投向企业研发税收优惠，10 英镑投向公共资助的学术科研）。但可以预见的是，公共部门将会扩大对各类研发的资金投入。随着无形资产投资的重要性日渐提升，这一做法也颇为合乎逻辑。

政府投资的无形资产并不仅限于研发。长期以来，公共部门一直在为企业产品上市所需的无形资产提供资金支持；这一作用颇为重要，却鲜有人知。部分情况下，其投资形式为税收优惠或直接注资。新加坡政府推出了"生产力及创新优惠计划"[3]，该项目为各类投资无形资产的企业提供补贴，其实质是一种无形资产税收优惠。除了研发以外，该项计划的补贴范围还涉及设计、流程自动化、培训及知识产权的购置与开发。一些国家的政府部门为企业提供了低收费，甚至免费的咨询服务，为其生产体系提供指导（已终止运营的英国制造业咨询服务机构，及美国制造业拓展伙伴计划等），这实际上属于公共部门的组织发展投资或设计投资。政府部门资助艺术创作也同为无形资产投资，原因在于，此举可惠及依托于设计、表达或审美创意的经济领域。英国国家科技艺术基金会的研究表明，此类"创意"相关产出所占英国经济的比重超过了10%，该研究还指出，英国政府的艺术资助对该国商业创意行业的发展产生了卓著的贡献。

公共采购。政府部门还可以通过采购杠杆的方式资助无形资产投资。20 世纪 50 年代，美国军方不仅通过资助研发环节支持了半导体行业的发展，作为主要客户（通常采取成本加成的定价模式）的美国军方还为企业投资芯片产销所需的无形资产提供了资金支持，这一投资为企业日后开拓商用市场起到了重要作用。中国台湾曾在 20 世纪七八十年代大力扶持新兴的半导体产业（主要通过科技机构台湾工业技术研究院予以支持），此举也同样产生了类似的效果：在投资研发项目的同时，台湾工业技术研究院还孵化出了联华电子和台积电等企业，并投资半导体工厂运营所需的无形资产，协助企业对接全球半导体供应链。新兴产业的扶持政策究竟能有多大胜算？这一问题尚无定论，但就实际效果而言，可将其视为政府部门投资非研发类公共无形资产的范例。

创新学者戴维·莫利研究了美国"物美价廉"式公共采购策略的运作效果，以及颇具传奇色彩的美国国防高级研究计划局、小企业创新研究计划、阿波罗计划和曼哈顿计划的实际作用。研究结果表明，美国IT业的发展正是该国实行公共采购战略的一个成功案例。美国军方曾在20世纪50年代大规模地采购软件和半导体，在此需求的推动下，得克萨斯州仪器等企业在投资研发的同时，亦投资于半导体产销所需的工业流程。莫利指出，由于采购项目规定禁止从单一供应商处采购产品，因此，业内信息共享和标准共享得到了推动。但是到了20世纪60年代末，军方采购只占IT产品市场很小的份额，而私营部门跃居为主要需求方，因此军方的这些项目在很大程度上满足了私营部门的需求。随着时间的推移，情况又发生了变化：随着软件行业发展成熟，美国军方也开始从私营部门购置软件。美国军方曾在20世纪80年代尝试自行开发软件，但是效果并不理想。这一采购案例的成功之处在于所开发的产品在很大程度上满足了私营部门的需求，之后私营部门又成了主要的需求方。

美国IT业的案例表明了公共采购能够有效地促进无形资产投资，但是同样也存在采购失利的情形。美国空军在20世纪七八十年代投资开发了计算机辅助机械工具，但最终被日本的企业所赶超。此外，尽管高额的防务拨款和采购支出也曾惠及民用核能领域，但是防务领域的需求（提供潜艇所需动力、生产原子武器所需的钚等）非但未能推动高效核技术的发展，反而造成了一定阻碍。

由此可知，通过采购推动无形资产投资的策略绝不是免费午餐。政府部门需要处理好四个方面的问题，才能充分发挥其效果。

首先是规模问题。美国国防高级研究计划局颇受各国政策专家推崇：这家防务创新机构每年投入约 30 亿美元用于创新研究和创新攻坚。它也促成了从电脑鼠标到无人驾驶汽车等一系列科技产品的问世。美国国防高级研究计划局之所以运转有效，其部分原因可归于美国防务采购预算极为丰厚，这样做的一个原因在于巩固美国军方在科技领域的领先优势。

第二个问题是，须确保给予其足够的政治支持和投入。以采购促创新还存在失利的风险。如政府部门对此无法容忍，并寻求加以解决，那么创新活动恐怕难以奏效。防务采购之所以向来能够推动创新发展，其中的一个原因在于它不受重重政治压力影响，因此获得防务资金支持的供应商也能够承担较大的风险。

第三个问题是，采购通常追求"物美价廉"，这又和鼓励创新所蕴含的风险挑战，及其所需思维模式存在着固有的矛盾。这并不仅仅是人事安排问题（尽管这一问题也同样重要）：有的采购人员善于挑选"物有所值"的项目，有的则善于发现"一鸣惊人"的项目；更令人担忧的是，"创新"常常会沦为"物美价廉"式采购未能成功的借口和托词："我们是赔了钱，可我们是在试验新东西啊！"因此，创新采购过多可导致常规采购失利被掩盖的风险。

克林特·伊斯特伍德在电影《肮脏的哈里》中饰演的警官有这样一句口头禅："感觉幸运吗？"如果政府部门有意以创新促采购，这是需要思考的最后一个问题。创新采购之所以胜算难料，部分可归因于存在着巨大的幸存者偏差（多少失败案例不为人知？）；另一部分原因则在于，其中的成功因素并不清楚（在半导体行业、数据通信行业推动创新有多少运气成分？选中未来赢家的难度有多大？）。

培训与教育。公共部门还会在培训与教育投资上扮演更为重要的角色。政府部门在培训方面的主要工作是资助青年接受教育（此举有着多重作用和目的，其中之一是提高公民劳动生产率），并补贴、扶持部分行业培训项目，如（部分国家推行的）学徒项目。

在 20 世纪很长一段时期内，出资延长公民教育年限是政府部门提高生产率的重要途径；经济学家克劳迪娅·戈尔丁和劳伦斯·卡茨认为教育对美国经济的增长至关重要。他们指出，美国 1930 年出生的人口中，高中学历者占到了 62%，而在 1975 年出生的人口当中，这一比例则达到了 85%。罗伯特·戈登和泰勒·考恩则认为，由于儿童和青年在校学习时间终究有限，加大教育投资的回报日趋减少，这将成为美国未来经济增长的一大限制。

教育投资回报减少这一问题颇为棘手。戈尔丁和卡茨建议应在各阶段提供更加富有针对性的支持，从而提高受教育劳动者的供应规模：早期阶段给予更大支持、削减中学班级规模、加大对高校的扶持力度。自不待言，随着更多的职业岗位开始要求本科甚至研究生学历，一部分人将会选择延长在校教育时间。但是，由于青年人的求学生涯终究有限，想在这有限的时间内增加教授内容依然困难。

还有人认为，答案在于改变"教什么"，而不是"教多少"。近年来，人们逐渐认识到某些类型教育的重要价值：例如，校园编程教育和协作技能培训已经日渐普及，有人认为，这些培训有助于学生们掌握未来经济所需要的技能。

但是，我们究竟能否预测，并传授未来经济所需要的技能？我们对此应持一定怀疑态度。或许 20 年后，编程将基本实现自动化，而课程内容的改变或许也并不能够让学生掌握协作解决问题的技能。

但有另一种方案或有助于破解"何时教"和"教什么"的问题：发展成人培训。成人教育向来如同教育体系中的"灰姑娘"，既没有显赫的地位，又缺乏公共资金支持。但是随着经济体系中的无形资产日趋密集，成人教育的作用也将会变得更加显著。

首先，从其定义就可以看出，成人教育不会推迟人们进入劳动力市场的时间，而投资终身教育则可将个人学习生涯延长几十年；其次，有了成人教育，人们不用再去费心猜测二三十年之后哪些技能最有价值。尽管围绕未来经济所需技能的研究硕果颇丰，但如想预测未来几十年后情况如何，还是难免会让人想到塞缪尔·戈德温的忠告："永远不要预测——尤其不要预测未来。"既然人们能够通过在职学习获得所需要的技能，那么预测未来也不再重要：成人教育一方面可为人们提供选择价值，另一方面也有助于缓解第 5 章所探讨的部分不平等，即随着无形资产的不断发展，低技能劳动者将会陷于劣势地位，部分技能也将遭到淘汰废弃，而培训则有助于调节这一不平衡问题。

但是，成人教育的发展规划还会面临"如何有效实施"的战略问题。中小学、大学和继续教育／社区学院均为确立已久、运作有效的教育机构，尽管它们难称完美，但是这些教育机构都已经过多年发展、完善，并伴随社会的发展一同变化，对于大多数人而言，入学、升学和深造成了人生轨迹中的既定部分，至少在发达国家情况如此；相比之下，人们对成人教育知之不多。好消息是，新的技术将会降低推行成人教育的难度：数字技术应会催生成本更低、更为便利的教学模式。〔从目前来看，大规模在线开放课程，即所谓的"慕课"（MOOC）似乎尚未实现其最初的目标，但是考虑到该领域的发展还不到二十年，现在谈论是否会有更好的替代模式似乎还为时过早。〕当前，我们应大规模地投资于成人教育模式创新，从而甄别出成本效益较高、可规模化应用的新模式。即便新型教育模式的费用由成人教育学员本人承担，而不是由纳税人承担，我们仍应将研发有效的新模式视为值得为之努力的公共政策目标。

政府资金扶持也有助于缓解有碍于企业投资的协调问题。假设发展自动驾驶汽车、推动相关城市改造可创造巨大的经济效益（减少车祸事故、提高通勤效能，并释放出富余的停车空间以进行再度开发等），其效益的实现又需辅以大规模投资（无人驾驶技术、城市设计、保险新规等），那么，除非确知他人也会进行具有互补性的投资，否则很难会有企业愿意单独而为。这种情况下，政府投资的作用不仅在于投资本身（为企业不愿涉足的高外溢型投资提供资金支持），还可以促使其他企业进行投资，从而提高整体投资的规模。在无形经济时代，政府部门的"试验平台"投资将会发挥更为重要的作用。

公共投资面临的挑战

我们认为：应当提高整体投资中政府出资的比例，这绝不是一个轻描淡写的建议。这样做将会带来至少三重挑战——能力与偏见、资金来源，及正当性问题，这三大挑战分别凸显了无形经济发展所需要的三种重大变革。

许多批评人士认为：政府部门不应参与经济活动，尤其不应参与投资，其关注点集中在"政府失灵"问题。政府怎么可能懂得投资？即便懂得投资，又怎能确保其不受既得利益者的影响？政府部门甚至有可能会因知识匮乏，或者受到游说影响而投资毫无实用性、可行性的技术。尽管这一观点忽视了政府部门在投资和"挑选赢家"方面所取得的成果，但是它所提及的风险也确实存在。而诚实和知识在一定程度上能够降低这一风险。公正的判断有助于弱化行业游说的影响；政府采购人员也能够凭借数据和分析更好地管理采购项目、运营试验平台。

因此，一方面需要政府部门扩大无形资产投资规模，另一方面也需要政策制定者提高诚信水平、业务能力和经济知识储备。由于无形经济更易催生不良投资，并滋生寻租行为，政府的良好治理能力将备受重视。

第二个挑战是公共财政问题。政府部门如想提高大学科研、研究资助或创新采购的支出，必然离不开公共预算资金，而发达国家公共预算又普遍吃紧。无论如何，资金支持必不可少。如想解决此类支出的资金来源问题，一种途径是政府持股获得公共研发资助的企业，并将所得回报投入于新一轮的无形资产投资（玛丽安娜·马祖卡托在其畅销之作《企业型政府》一书中提出了这一建议）。但是尚不明确此举能否解决无形资产的外溢问题：政府部门之所以资助无形资产投资，其原因正是投资企业无法确保自家投资可为其创造效益，因此仅仅持股企业并不能为政府带来稳定可靠的资金回报。再者，如果政府的预算同公司业绩挂钩，利益冲突必然加剧，政府投资更加难以保证公允；如前文所言，如果政府的投资决策越多，那么其决策的公允性就越为重要。一般税收是政府部门资助无形资产投资最可靠的途径，这样做的好处在于，无论无形资产投资的外溢形成于何处，政府均可确保从中受益，另一方面还可降低政府部门对所持企业的依赖。因此，政府部门如想扩大无形资产公共投资规模，则需提高税负水平，或缩减其他领域的公共支出。

由此又会引出第三个挑战：在民主国家，政府无论想采取哪一种手段（增加税收或减少其他开支）扩大无形资产公共投资规模，首先需要获得许可之后才能施行，因此需要有力地阐释实施相关措施的必要性。而科技政策（政府部门的研发类无形资产投资多属此类）向来是技术官员决策的事宜，而不是民主决策的事宜。科研目标由科学家或非政治性资助机构设定；科研经费金额问题极少引起政治争议。范内瓦·布什在其名为"科学：前沿无疆"（*Science: The Endless Frontier*）的报告中提出，资助研究的唯一依据应是研究的科学价值，而非特定目标；这一愿景也构成了英国"霍尔丹原则"的基础原则（其中的原因不甚明了）。尽管也存在例外的情形（美苏之间展开的太空竞赛，以及美国国防高级研究计划局所获得的科研资助都具有高度的任务导向性），但是在多数情况下，公共科研投资同民主政治之间都存有某种默契：是否资助科研是由技术官员决定，而不是由选民决定；作为回报，科研资助只占政府预算支出的一小部分。民主国家政府如果想要显著提高无形资产投资的规模，或许还需要通过另一种政治途径才能实现，如博取公众更广泛的支持，向其展示计划投资的无形资产有助于实现公众所期望的目标（民意调查显示，任务导向性是科研资助获得半数以上公众支持的关键因素，至少在英国如此）。此举自然会催生某种矛盾：通过民主决策的方式处理科研资助等事宜可能会导致更多不良投资的产生——毕竟相较于技术官员和科学家，公众恐怕并不擅长此类事宜的决策。但是在民主政体下，提高资助过程的正当性或许是争取更多公共资助的最有效途径。

我们再回来观察前文所探讨的子虚共和国和乌有王国，以审视公共部门共同投资无形资产的成效。尽管子虚共和国出台了有效措施推动知识产权立法、管理无形资产外溢、打造适宜无形资产发展的金融体系，但该国企业的无形资产投资规模仍低于有利于整体经济的最优水平。尽管非营利性基金会可填补部分投资缺口，但如果政府部门未能逐步介入，直接投资加以弥补，那么，投资缺口将会持续存在。这一变化将政策制定者置于重重政治压力之下：起初，选民并不支持公共部门扩大科研和培训等无形资产的投资规模，多数人认为这些投资应由企业承担，而公共资金应当优先用于发展其他领域。这一变革的出现离不开历届政府向公众宣讲普及这一理念：公共部门的科研、培训和采购投资有助于国家应对紧迫挑战，因此扩大此类投资的规模也逐渐获得了民众广泛的支持。就此而言，子虚共和国无形资产投资的发展得益于其高质量的政治文化：其政府清廉指数和公共管理质量均居世界前列。尽管该国的公共投资领域也偶会出现不良投资，甚至出现贿赂丑闻，但所幸的是就目前而言其规模较小。但相比之下，乌有王国就没有这么幸运了：该国并没有扩大研究、培训等无形资产的公共投资规模；此外还饱受其他问题困扰，因此，该国投资规模出现了大幅下降，十年间的生产率增长不尽如人意。即便有他国的成功案例在先，乌有王国的民众仍对扩大公共投资可推动本国发展的观点持怀疑态度，部分原因在于多数选民认为科研投资只是一个技术官员才会关注的狭小领域，另一部分原因则在于，由于政府屡受腐败丑闻困扰，该国民众对公共投资能否得到合理、公允的分配缺乏信心。

小国的机遇：幻境国应该怎么做？

多数的经济变革对于能够快速应对的国家而言都意味着发展机遇。企业投资向无形资产的转变也同样如此。可快速适应无形经济需求的国家往往能够获得先发优势。具备一定政治凝聚力和治理能力的小型开放式经济体能够快速商定目标，并加以有效执行，因此最容易施行无形经济所需的政策——我们所说的"幻境国"便是这样的一个范例。

和本章所提出的多数政策建议有所不同，幻境国选择了零和博弈的策略：其根本性的原则在于将他国经济活动引入本土，其所得实际来自他国所失。但这并不代表他国无意于采取类似政策。

下面我们来分析幻境国的哪些政策极大地推动了本国经济的发展。

成为无形资产仲裁中心

无形资产的投资者都希望其资产权属明晰，但实际情况往往并非如此；部分原因在于法律法规具有不确定性，另一部分原因则可归结为各司法辖区执法标准不尽相同。幻境国订立了与时俱进、条款明晰的知识产权法律，并为法院提供了充足经费，使其得以有效地对无形资产实施监管。这样一来，许多邻国企业也纷纷选择依据该国法律起草合约。

出台无形资本优惠税率

相较于有形资本，无形资本有着更高的流动性：相较于工厂和商场的搬迁，专利、品牌或整套操作程序的转移较为容易。幻境国利用该特点设计出一整套适宜于无形资产的税收法规，借此大幅降低了无形资产利润的应纳税额。尽管此举对本国企业而言并非利好（鲜有证据可表明类似"专利盒"的大幅税收优惠政策能够促进无形资产投资），但是该国确实凭借税收法规吸引了其他国家无形资产密集型企业前来设立公司或子公司，这种做法一方面为本国创造了就业机会，另一方面往往能够带动后续投资。

发展金融集群和智力集群

　　幻境国的优惠政策吸引了区域内的企业将总部纷纷迁入，该国也由此逐步发展成为区域知识产权外包中心和争议解决中心；在此基础上，幻境国还培育出了适合于无形资产密集型企业融资的金融服务行业（其业务重心为知识产权担保贷款和风险资本）；随着该国税收和法律框架不断地吸引无形资产密集型企业迁入，在这些企业投资研究的同时，幻境国政府也投资于公共研究。（如前文所言，二者对于所有国家来说都是很好的策略，但考虑到幻境国的无形资产枢纽地位，这些策略在该国更有可能取得成功。）

强化社会资本

　　幻境国面积很小、相对富裕，并且有着很强的社会凝聚力。凭借这一优势，该国在无形经济时代得到蓬勃发展：其社会网络为理念在经济体系内的传播提供了便利，此外，从政治角度而言，这些社会网络亦利于政府部门出台政策解决无形经济下不平等的潜在加剧。

　　显然并非所有国家都能够仿效幻境国的做法，毕竟并不是任何国家都能发展成为枢纽，并且如果因此造成税收竞争的泛滥，反而不利于经济的发展。但是对于有意应对经济变革、灵活性较强的小国而言，它仍不失为一种可行之策。例如，新加坡、爱尔兰近年出台的一些政策和幻境国的政策便有一些相似的地方。

应对无形经济下的不平等问题

　　在无形经济时代，各国政府需要面临的最后一大难题是无形资产型经济体系催生的某些不平等现象。

　　如第 4 章所述，无形资产密集型经济体系往往可催生少数高利润企业，其中部分原因在于颇具价值的无形资产具有高度的扩展性，另一部分原因则可归结为领先企业不仅可从自家无形资产投资获得好处，还能够坐收他人无形资产投资之利。如第 5 章所言，收入不平等的长期加剧可部分归因于企业的显著分化。此外，我们还推测，由于无形经济下如鱼得水的员工群体和发展欠佳的员工群体在心理特征上和文化特征上迥然相异，无形资产增长所催生的经济不平等同社会撕裂彼此缠绕、相互交织。

如第 6 章所言，有效的无形经济体系高度依赖于"软性基础设施"：能够推动民众和企业分享投资外溢、利用投资协同、促成相互协作的准则、规范、价值观念和社会资本。

这又会将各国政府置于双重困境：首先，未来经济的主导生产模式更易催生不平等，而不平等被很多选民视为社会问题；此外，各国政府发现，无形经济所催生的各类不平等形态会导致社会分化，这些不平等又会威胁无形经济所依托的社会制度。研究人员设计的一些测度指标有助于预测在无形经济的背景下哪些国家和地区将迎来发展机遇。这些指标包括：信任、权力距离（社会层级的严密程度）和体验开放程度（人们对新事物的兴趣和包容程度）。其中的部分指标为根深蒂固的文化特征，而有些重要指标则会受政府政策影响。高度不平等的社会信任程度较低，而高度保守的社会体验开放程度较低。亚历克斯·贝尔和其团队近年的研究成果表明：美国人早年接触科学技术会使他们后来成为发明家的可能性大为提升，而财富和阶层能够影响一个人在早年接触科学技术的机会。由此可知，政府部门应尽可能地创造机会让中小学生接触科技，这一做法能够帮助国家培养创意分享者，继而有助于实现该国无形资产之间的正向协同。

企业层面的不平等亦有碍于经济的发展。实力雄厚的无形资产密集型企业会积极游说政府部门，借以获得有违公平的竞争优势，这又会挫伤其他企业投资的积极性。

这将会给各国政府带来一个更为深层次的挑战。政策制定者应当培育社会信任、构建有力制度、创造发展机遇、解决可造成分化的社会冲突、防止实力雄厚的企业肆意寻租，从而推动无形经济蓬勃发展。但与此同时，有效的无形经济体系又会造成上述问题的恶化，滋生极具争议的各类不平等，危及社会资本的存在，并催生出一批热衷于保护其争议性无形资产的强势企业。

　　那么应该如何破解这一难题？我们也很希望我们知道如何破解，但是和发达国家的多数政界人士一样，我们对此也无对策。我们甚至不清楚，如果有朝一日问题最终得到了化解，之后又会出现怎样的情形。但是我们相信，这一矛盾将会成为未来几年政治经济的主导问题，无论哪个国家成功将其化解，都会走向繁荣发展的道路。

10 结　　论

　　本书讨论了过去四十年间发达国家普遍存在的投资类型变化。我们研究了**投资**，即企业和政府打造未来产能而投入的资金。在过去，"投资"主要指的是**实体**投资或**有形**资产投资，如机器投资、车辆投资和建筑物投资；政府投资则为基础设施投资。如今，**无形**资产投资已经颇具规模，这类投资包括知识产品的相关投资，如软件投资、研发投资、设计投资、艺术原作投资、市场调研投资、培训投资和新型商业流程投资等。本书探讨了无形资产密集型经济体系和有形资产密集型经济体系的不同之处，而这些差异的出现可归因于无形资产的内在特性。我们以此为逻辑阐释了现今世界面临的经济问题：增长放缓与长期停滞、不平等现象，以及融资挑战和公共政策挑战。

　　本书通过结合商业案例和宏观经济数据对上述变化加以阐释。我们以健身馆为例展开了讨论，阐述了莱斯·米尔斯所推动的行业变革，以及"创新"和"上新"。我们研究了肾上腺素笔的案例，并分析了这一颇易仿制的产品如何通过品宣和培训类无形资产投资得以在市场竞争中保持领先地位。本书回顾了无形资产的发展历程：从最初的寥寥无几到后来催生微波炉、CT 扫描仪的问世，并助力甲壳虫乐队踏上灿烂星途。我们还辨析了几对（时而令人困惑的）行业术语，它们包括：投资、资本、资产；知识、信息、理念；生产率和利润率；收入、薪酬和财富。

我们的观点总结归纳为如下几部分。

1. 企业投资经历了，并将持续经历从有形资产投资向无形资产投资的长期转变。

2. 企业资产负债表和国民经济账户远远未能反映这一变化。其原因在于，会计师和统计师往往将无形资产支出计为日常开支，并未将其计为投资。

3. 相较于有形资产，无形资产投资形成的知识型无形资产具有不同的特性：更有可能实现规模的**扩展**、导致成本的**沉没**、出现收益的**外溢**，以及形成彼此的**协同**。

4. 无形资产投资的特性会对经济产生影响。我们认为，其特性可催生如下现象。

①长期停滞。由于部分投资未纳入投资统计，故而造成投资过低的表象；由于无形资产具有扩展性，因此可催生赢利能力强的大型企业，并导致领先企业同滞后企业的生产率差距和利润差距进一步加大；大衰退之后，无形资本的发展出现了放缓，这造成外溢规模和扩展规模双双下降，继而导致全要素生产率增长放缓。

②不平等。收入不平等的加剧可归因于协同和外溢效应拉大了竞争企业之间的盈利差距，并推高了对善于协调的经理人和领导者的需求；财富不平等的加剧可归因于城市的吸引力随着外溢和协同的日益增长不断提高，因此造成了房价的攀升；尊重的不平等加剧可归因于一些心理特征（体验开放型人格等）的重要性日渐提升。

③金融体系面临挑战，特别是企业投资的融资模式备受挑战。债务融资模式不适用于资产沉没成本较高的企业，至少有部分无形资产在公

募股权市场上估值过低，这一问题除了可归因于无形资产漏报之外，无形资产所固有的不确定性也是造成这一现象的一个因素；尽管风险资本可应对无形资产的沉没性和不确定性，但是在目前还难以将其引入很多行业。

④对基础设施的新需求。特别是随着企业投资从有形资产投资向无形资产投资的转变，大型城市更加需要 IT 基础设施和经济适用空间，同时也更加需要"软性基础设施"：可调节民众、政府、企业之间协作、交流的规范、标准和规则。

5. 这一转变也同样会对企业管理和财务投资产生影响：它导致无形资产的使用企业更加依赖权威管理，以及无形资产的生产企业更加依赖领导力；同时，由于当前的财务报表无法有效揭示企业的业务情况，财务投资者需进一步发掘表外信息。

6. 这一变化也会引起公共政策议程的改变。政策制定者需要着力于创造便利条件以发展知识基础设施（教育、互联网与通信技术、城市规划、公共科研支出等）；同时还应推动知识产权监管明晰化——促其明晰化不代表予以强化。

有必要检视这些观点的争议之处和证据平衡点。其中的第一点，即企业的资产支出正从有形资产支出向无形资产支出转变，已经得到了广泛的认同，而争议多围绕于如何测度本身就难以测度的商业流程投资。但即便将这些类型的无形资产投资完全忽略，无形资产投资的相对重要性仍会不断上升。与之相似，上文第二个观点指出，相当体量的无形资产支出并未计入投资，这一点也得到了无形资产相关会计惯例的设计者们的认同。

第三点，即无形资产的特性较为概念化。扩展性和外溢性源自知识的物品属性（可反复使用，且难以阻止他人使用）。某种程度上说，交易市场的匮乏导致了无形资产的沉没性（无形资产投资一旦投入便无法收回），而交易市场的发展或可缓解其沉没性问题。无形资产间的协同性似乎是创意结合的固有属性。

第四点探讨了无形资产特性对经济的影响，这一分析不可避免地带有推测性质。本书旨在从经济资本存量的重大变化这一角度阐释若干广为讨论的经济问题和经济谜题。尽管企业投资向无形资产的转变不大可能是导致这些复杂现象的唯一因素，但我们希望能够揭示这一转变所起到的作用——就目前而言这一作用还没有得到广泛的认可。

第五点和第六点分别探讨了这一变化对管理和投资，以及公共政策的影响，并提出了一系列的建议。对于部分人士而言，这些建议或许并不陌生："公共部门资助研发""注重企业的领导力"也并不是全新的理念。但我们认为，在无形资产投资长期、稳步增长的背景下，这些建议有助于经理人和政策制定者们确定决策的优先次序。各国政府都面临着艰难的政策选择。我们希望通过本书阐明：在无形资产投资长期增长的背景之下，逆潮而动并非发展良计，因势而为（如本书所列举的种种策略）才是通往繁荣之道。

注　释

引　言

1. The Domesday Book entry for "Stansted [Mountfitchet]" is at http://opendomesday.org/place/TL5124/stansted-mountfitchet/.

2. See Office for National Statistics 2016.

3. See Microsoft's financial statement: https://www.microsoft.com/investor/reports/ar06/staticversion/10k_fr_bal.html.

1　资本的无形化

1. SNA 2008, para 10.32. If a producer also sells assets, then the measure is the new assets minus any assets sold. There is an additional complication to do with improvements to land arising from the particular treatment of land or, more generally, nonproduced assets, in national accounts. The same definition as in the SNA is to be found in the ESA 2010, para 3.124.

2. SNA 2008, 617.

3. Although he was not the first to use the term, Marx is perhaps the

popularizer of "capitalism." For him, "capitalism" is when production is organized in society such that capital (in the sense above of machines and infrastructure) is owned privately. In Capital, "capital" is used variously to describe stocks and flows associated with capital in the above sense but also in other ways, for example, working capital (money in store to pay wages), constant capital (which includes depreciation), etc. See Blaug 1978 on all this. See box 6.1 for an explanation of capital, earnings, and wealth and box 6.2 for an outline of Piketty's model of capital. 4.

4. The exact passing date depends somewhat on ongoing data improvements and revisions but the pattern of growing intangible importance is consistent in the data. (See, for example, Nakamura 2010.)

5. These are known by their acronyms COINVEST (www.coinvest.org. uk), INNODRIVE (www.innodrive.org) SPINTAN, (www.SPINTAN.net), and INTAN-Invest (www.intan-invest.net).

6. Beniger's book The Control Revolution is full of fascinating pre-IT historical examples of intangible investment. The history of breakfast food is one such: Henry P. Crowell's invention of Quaker Oats in 1879 required, argued Beniger, a strenuous advertising campaign to convince consumers that the food was not horse fodder. Crowell's innovations in marketing included prizes, endorsements, and special offers (Beniger 1986, 266). Likewise, in the UK, James Spratt, the first manufacturer of dog biscuits, needed to convince skeptical consumers in the 1860s and erected the first billboard in London. His employee Charles Cruft set up the Cruft's dog show, and Spratt's firm advertised its biscuits as being used by appointment to Queen Victoria.

7. A more formal exploration of this relationship finds intangible investment negatively correlated with employment strictness and product market

restrictions, controlling for other factors (Corrado et al. 2016).

2　测度无形价值

1. A very helpful guide to measuring investment and GDP, packed with data, is from Eurostat: http://ec.europa.eu/eurostat/statistics-explained/index.php/National_accounts_and_GDP.

2. Smith, The Wealth of Nations, book 2, chapter 3.

3. Hence, we have Alan Greenspan's remarks in 2000 on the challenges faced by the US Bureau of Economic Analysis in defining and calculating GDP: "It's become evident that there has been an increasing technological change within our system, which has muddied the distinction between what we call capital investment and current expense. And 20–30 years ago when you built a steel plant, it was perfectly obvious what it was and it was capitalized. And when you consumed coke or ore, it was expensed. But in today's world it has become very much more difficult to figure out whether a particular outlay is expensed and not included in the measure of the GDP, or whether it is capitalized and it is." https://www.bea.gov/scb/account_articles/general/0100od/maintext.htm.

4. One might argue that this is all "R&D," and we would agree: however, the official definition of R&D relates to work to resolve scientific and technical uncertainty, which typically, in spirit at least, excludes things like design and artistic endeavors. Thus, these categories are separate from R&D.

5. An example of the survey is: http://www.ons.gov.uk/file? uri=/surveys/informationforbusinesses/businesssurveys/quarterlyacquisitionsanddisposalsofcapitalassetssurve

6. Such changes in the value of an asset might be due to "wear and tear," which is what accountants usually mean by depreciation, or due to their value

being reduced via the competitive process, which is what economists, following Triplett, call "obsolescence." See the appendix to this chapter for more on this.

7. This will not be true if, for example, the distribution of returns to spending is highly skewed so that a small number of projects are very successful. Hall, Jaffe, and Trajtenberg (2005) find that patent citations have a very skewed distribution, but less is known about the skew of returns to designs, software, and marketing spending.

8. There is some data on how time is spent in the public sector. For example, O' Mahony quotes the study by Klinke and Muller (2008), who surveyed doctors in German hospitals, in which they had to indicate the amount of time spent on six different task areas. On average doctors spent 4.3 hours per working day with medical tasks; 2.1 hours with administrative tasks; 1.4 hours talking with patients and relatives; and 1.2 hours writing medical reports. If medical tasks and patient conversations are grouped into "close-to-patient" tasks, they together took up 5.7 hours of a normal working day. If administrative tasks and the writing of medical reports are classified as "patient-distant" tasks, these together took up 3.3 hours. In this way the surveys indicated a ratio of about 2:1 between direct patient services and patient administration.

9. The rule of law might be thought of as an important factor affecting the incentives to build assets but itself is not an asset directly.

10. In a famous paper, the American economist Martin Weitzman (1976) showed that while GDP is not a measure of welfare, a closely related measure, net domestic product (appropriately price adjusted) is a useful measure, if consumers are seeking to maximize their flow of consumption. The reason that investment, which is in GDP, features in a consumption-based welfare measure is that consumers value current investment since they understand, in his model,

that it will yield future consumption.

3　4s 效应

1. Economists often call synergies "complementarities," since the presence of one asset raises the value of another.

2. Strictly speaking, in economics, scalability is a property of an input/ output relation rather than of capital itself. Economists often use "scale" when they talk about "economies of scale," by which they mean that when a firm doubles all its inputs it more than doubles output. Non-rivalry or, in our language, scalability is related. To see this suppose we re-create planet Earth and put on it all the same natural resources, labor, and capital inputs we currently have. Then suppose we double resources, labor, and capital inputs. Would we also need to double the input of ideas (re-create algebra, for example) to get the same output as the current planet? No. We can simply scale the same ideas from the original planet due to non-rivalry. So when we talk about intangible assets being "scalable," strictly speaking, it's the knowledge underlying the asset that is being used over and over again.

3. Sutton (1991) is the classic discussion of scalability and sunk costs and their effect on market structure.4. http://www.mckinsey.com/business-functions/ strategy-and-corporate-finance/our-insights/learning-to-let-go-making-better-exit-decisions.

5. Avinash Dixit (1992) points out that if investment involves some sunk costs, if there is ongoing uncertainty, and if the investment opportunity might occur again later, then waiting has some value: waiting will avoid sunk costs and will reveal more about the future. Dixit and Pindyck (1995) set out an example of a two-stage, sunk R&D investment project where stage one, which is very costly,

reveals information about the profitability of the (less costly) stage two. A simple net present value calculation in their example reveals that stage one is not worth it, due to its high sunk costs. But if the return from resolving uncertainty is also counted, stage one can turn out to be very valuable, since it creates an "option," that is, the opportunity to decide whether to proceed to stage two. Thus, investing in intangibles, even if they don't directly create an asset, as in stage one, is very valuable and might be described as having what Carol Corrado and Charles Hulten (2010) call a "strategic" property.

6. The Writings of Thomas Jefferson. 1905. Edited by Andrew A. Lipscomb and Albert Ellery Bergh. Thomas Jefferson Memorial Association, 13:333–35.

7. Article I, Section 8, Clause 8 of the United States Constitution empowers the United States Congress: "To promote the Progress of Science and useful Arts, by securing for limited Times to Authors and Inventors the exclusive Right to their respective Writings and Discoveries."

4 测度不当与投资外溢

1. Published as Summers 2015. Summers developed his views further in a Keynote Address at the National Association for Business Economics Policy Conference, February 24, 2014, published as Summers 2014. Paul Krugman has also popularized the term "liquidity trap," which refers to a position whereby interest rates can be lowered no further and so monetary policy, which works by adjusting interest rates and so changing investment and consumption, loses its power to affect activity.

2. There are a number of different measures of profits. One such measure is published by statistical agencies. They measure economy-wide company profits (often with sectors removed, e.g., banks or oil industries) that they divide by

economy-wide commercial capital to produce a return on capital employed. (A related alternative is company profits divided by GDP, but this is not a return on capital employed, but rather the share of those profits in total incomes.) Other measures sometimes referred to as "profits" are from stock market valuations—for example, Tobin's Q (ratio of the market value of nonfinancial corporations to the value of their tangible capital) or the market value of equities as a share of GDP.

3. One challenge to this view comes in work by James Bessen (2016). He combines company market value with data on (i) company intangibles, using R&D, advertising, and general spending on administration costs and (ii) industry data on the extent of regulation, lobbying, and rent-seeking in that industry. Like other studies, he finds a statistically significant correlation between market values and the various intangible measures and the lobbying/rent-seeking measures. However, in his data, from the 2000s, the intangible/tangible capital ratio is falling, so he concludes that intangibles cannot explain the rise in profits in the 2000s, although they can account for the rise from 1980 to 2000. As he acknowledges, however, his regulation and R&D measures are highly concentrated in just a few industries, such as pharmaceuticals and transport. Hence, he is not measuring the broader range of intangibles we use.

4. Remember that TFP measures how well firms are using their inputs (that is, output per unit of all their inputs). If they can scale them or, better yet, benefit from inputs of other firms, then TFP rises.

5. See, for example, http://stumblingandmumbling.typepad.com/stumbling_and_mumbling/2016/03/barriers-to-productivity-growth.html.

5　加剧不平等

1. They are called mules because they were a hybrid of two earlier inventions, the water frame and the spinning jenny, a nice demonstration that the synergies between intangible investments—in this case, different types of R&D—are not a recent discovery.

2. Louis Anslow, https://timeline.com/robots-have-been-about-to-take-all-the-jobs-for-more-than-200-years-5c9c08a2f41d#.wh363gjar. See also Bakhshi, Frey, and Osborne 2015.

3. See, for example, his post: http://stumblingandmumbling.typepad.com/stumbling_and_mumbling/2011/10/the-bosses-pay-con-trick.html.

4. There's a deeper reason behind this logic, which is that taxing mobile capital ends up costing the workers. How can it be that a tax bill that capital owners have to pay ends up being paid by the workers? The answer is the difference between the legal and economic incidence of the tax. The legal incidence is the identity of the party who writes the check. The economic incidence is the identity of the party whose income changes as a consequence. So, if a government taxes capital, which can move abroad, the legal incidence does indeed fall upon the capital owner who has to pay; in this example no one pays the tax since the capital all goes abroad. But with less capital to work with, workers are less productive and so their wages fall. Thus the economic incidence falls upon them.

5. Reported in Krueger 2016.

6　"距离的消亡"

1. John Fairley paints a vivid portrait of the 300,000 horses in 1900 in

London that "were sustained by an infrastructure of extraordinary organizational complexity and sophistication ... the Great Western Railway built an equine hostelry of stables four storeys high ... with an attendant army just as large of stablemen, farriers, vets and feed waggoners" (Horses of the Great War 2016, prologue).

2. Edgerton also points out that claims on the death of distance have been going for quite a while. He quotes George Orwell, writing in 1944, "People go on repeating certain phrases which were fashionable before 1914. Two great favourites are 'the abolition of distance' and 'the disappearance of frontiers'. I do not know how often I have met with the statements that 'the aeroplane and the radio have abolished distance' and 'all parts of the world are now interdependent.'" Orwell, "As I Please," Tribune, May 12, 1944.

3. Economists evaluating "place-based" policies have found two important problems. First, as ever in policy, it is hard to know what the counterfactual is, that is, what would have happened in the absence of the cluster. Second, economists have continued to find evidence of "displacement." The economists Henry Overman and Elias Einio looked at the Local Enterprise Growth Initiative, a 2006-11 UK initiative that subsidized employment in deprived areas. They found it raised employment by 5 percent in the deprived areas, but lowered it by 5 percent in the neighboring areas. Worse, when the program finished, after six years, the businesses all moved back to the original area. Thus the program spent around £418 million to move businesses temporarily about half a mile.

4. Her resignation letter is at https://shift.newco.co/letter-of-resignation-from-the-palo-alto-planning-and-transportation-commission-f7b6facd94f5#.9oa7winlu, quoted in the Marginal Revolution blog, http://

marginalrevolution.com/marginalrevolution/2016/08/collective-land-ownership-in-palo-alto.html.

5. Daniel Davies and Tess Read's book The Secret Life of Money has an excellent chapter on the economics of trade shows (D. Davies and Read 2015).

7 地雀之喙

1. In the General Theory of Employment, Interest and Money, Keynes, in chapter 12, distinguishes between speculation as "the activity of forecasting the psychology of the market" and the term enterprise for "the activity of forecasting the prospective yield of assets over their whole life. [If an] investor ... will not readily purchase an investment except in the hope of capital appreciation ... he is, in the above sense, a speculator. Speculators may do no harm as bubbles on a steady stream of enterprise. But the position is serious when enterprise becomes the bubble on a whirlpool of speculation. When the capital development of a country becomes a by-product of the activities of a casino, the job is likely to be ill-done."

2. A more nuanced argument is that publicly available R&D is being stifled. A study by Arora, Belenzon, and Patacconi (2015) looked at scientific publications by American companies on the US stock exchange between 1980 and 2007 and found that, while public firms are patenting more, and the value of these patents seems to be stable, they are publishing ever less of their research in journals.

3. A recent CMA/FCA report found that only 25 percent of small businesses thought that "their bank supports their business."

4. Hamlet, Act 1, Sc. 3, lines 75–76.

5. For United States' rules, see, for example, http://www.federalreserve.

gov/bankinforeg/stress-tests/2014-revised-capital-framework.htm#f37r.

6. This seems to persist even when we adjust for the impact of taxes.

7. Some of this is discussed in the Economist: http://www.economist.com/ news/briefing/21651220-most-western-economies-sweeten-cost-borrowing-bad– idea-senseless-subsidy.

8. http://www.bloomberg.com/news/articles/2014-10-06/s-p-500- companies-spend-almost-all-profits-on-buybacks-payouts.

9. Ikenberry, Lakonishok, and Vermaelen (1995), it should be noted, argue that share buybacks create value in the short term and create even more value in the long term.

10. This is related to a famous argument made by the economists Sanford Grossman and Oliver Hart (1980), who pointed out that small shareholders will not devote resources to getting rid of poorly performing managers, but rather they will just implicitly rely on the work of others (in particular, corporate raiders) via the share price.

11. See his profile in Forbes Magazine, http://archive.fortune.com/ magazines/fortune/fortune_archive/1998/10/26/250008/index.htm.

8　竞争、管理与投资

1. Sarah O'Connor, "Amazon Unpacked," February 8, 2013, https:// www.ft.com/content/ed6a985c-70bd-11e2-85d0-00144feab49a.

2. Sustained advantage should not be confused with sustainability, often referred to not as a measure of longevity but of environmental concern. In many cases, however, both will be congruent goals, since legislation and public pressure will likely ensure firms want to do both. But there will always be cases where firms can, for example, raise short-term earnings by causing

environmental damage (e.g., disposing of waste improperly). Likewise, the easiest way to raise short-term earnings is to renege on promises to suppliers (and maybe customers): none of these tactics is sustainable in the long term and thus we rule them out.

3. http://data.ers.usda.gov/reports.aspx?StateFIPS=16&StateName=Idaho&ID=10633#.U-5XxfldXzg.

4. For more discussion, see the very accessible treatment by Lev and Gu (2016) and Foss and Stieglitz (2012). Kay (1993) groups the distinctive assets firms can create under three headings: innovation, reputation, and architecture (the latter being features of the organization).

5. http://stumblingandmumbling.typepad.com/.

6. A very lively literature asks who then should have that authority, managers, workers, or owners?

7. Reported in, for example, www.sfgate.com (http://www.sfgate.com/bayarea/article/Court-to-FedEx-Your-drivers-are-full-time-5717048.php). It is reported that although FedEx required their drivers to provide their own vans, they specified "their dimensions, shelving, and paint color."

8. And the management survey work does try to correct for this effect: so, for example, the world management survey asks about the time horizon of targets and gives a high score if "Long term goals are translated into specific short term targets so that short term targets become a 'staircase' to reach long term goals." (World Management Survey, question 10, manufacturing questionnaire, http://worldmanagementsurvey.org/wp-content/images/2010/09/Manufacturing-Survey-Instrument.pdf.)

9. There are, of course, a lot of complications over and above these general principles. First, in company accounts, intangible assets are often split into

"intangibles other than goodwill" (such as the patent discussed) and "goodwill." Goodwill is generated only externally, when a business is combined with another, for example, via a takeover. Goodwill measures the gap between what is paid for the business and the value of its tangible assets. That measure of goodwill is treated as an asset and then amortized (or, if the value of the goodwill falls in an agreed-upon fashion, called impairment, then an expense is entered for this). For UK guidance on this, see the UK Financial Reporting Council, FRS102, chapters 18 and 19. Appendix A to Lev (2001) reports the rules for the United States, which follow the same pattern, with a series of complicated exceptions in, for example, the purchase of information in a credit card portfolio, libraries of movie and TV companies, and mineral and airport landing rights.

10. As Lev and Gu (2016) point out, in 2011 HP acquired Autonomy for $10bn, much of whose value was software; but then wrote off almost all of it the following year.

11. BAT Financial statement, 2015: www.bat.com/ar/2015/assets/downloads/BAT_Financial_Statements_2015.pdf.

9　公共政策的五大难题

1. The specific regulations are set out in Part 1 of the Framework, p. 89 ("London View Management Framework" 2012).

2. On the one hand, allowing some monopolies that may have generated some benefits to wag the whole competition-policy dog is unlikely to be a good policy. On the other hand, fixating on competition policy that creates a market structure with lots of small companies will not be a good policy decision since consumers will not enjoy the many benefits that come from intangible-rich (presumably big) firms. Rather, competition policy should be focused on whether

a market is delivering rivalry, for example, allowing new firms or products to be introduced.

3. See https://www.iras.gov.sg/irashome/Schemes/Businesses/Productivity-and–Innovation-Credit-Scheme/#title5.